1人で1000人分の成果を出す

軍師の戦略

皆木和義

クロスメディア・パブリッシング

はじめに

「軍師」というと、黒田官兵衛、竹中半兵衛、山本勘助、諸葛孔明などが浮かんでくる。歴史小説やNHKの大河ドラマ、あるいは、様々なテレビ番組や映画などの影響であろうか。主君やトップを参謀、補佐役として支え、戦略・戦術に長け、調略・謀略などの「智」をもって、戦いを制するのが軍師である。

戦国時代には数多くの軍師が様々な形で活躍した。本書ではその中の代表的な十人を選び、軍師の「戦略」という観点を根底に置きながらアプローチした。「戦い」の戦略のみならず、人生の「戦略」、生き方の「戦略」にも言及している。

戦国時代のように組織を巡る環境が流動的なときは、情勢を的確に分析して戦略を練る軍師の役割が大きかったはずだ。それはグローバル競争やビジネス戦争に直面している現在の日本企業にも当てはまるだろう。

他方、現代の軍師ということに転じてみると、すぐに思い浮かぶのがホンダの創業者・本田宗一郎に対する藤沢武夫、ソニーの創業者の井深大と盛田昭夫であろうか。藤沢武夫は引退するまで副社長として本田宗一郎を支えた名補佐役である。また、盛田昭夫も長く井深を支え、副社長を務め、その後、社長、会長を務めた。

身近なIT系企業では、ソフトバンクの創業者・孫正義社長と北尾吉孝元常務（現・SBIホールディングス・CEO）、楽天の創業者・三木谷浩史社長と国重惇史元副社長などではないかと思う。

トップが優れたリーダーであることはもちろんだが、良きナンバー2を持ったことが成長の原動力であったろう。大きく成長する経営者には、軍師のような立場の優秀な参謀、補佐役がいるといえるかもしれない。それは昔も今も変わらない。


ところで、私が軍師関係の本を読んで、目から鱗だったのが、『軍師・参謀』（小和田哲男著、中央公論社）である。この本は二十年ほど前に読んだのだが、それ以前に思っていた軍師のイメージが一新された。「軍配者」という言葉や「軍師」という言葉が戦国時代には存在せず、江戸時代の軍記物から生じたことなど様々なことを知った。

新書ながら、軍師に関する大変優れた研究書であり、以来、私の座右の書の一つになっている。そして本書の根底をなす主要参考文献でもある。出家した僧侶がなぜ活躍できたか、いわゆる「無縁の原理」という言葉もこの本で学んだ。以来、折に触れ、軍師という言葉を耳にするたびに研究していった。

軍師には様々なタイプがあることもこの本から教えられた。例えば、陰陽道や修験道の影響を受けて占術や呪術をメインとする軍配者タイプ、秘書タイプ、参謀タイプ、内政官僚タイプ、外交官タイプ、補佐役タイプ、それらの複合タイプなど様々である。

「外交感覚のない国は滅びる」。

この言葉をよく口にしたのは、吉田茂元首相である。彼は、戦後の歴代首相の中で際立った個性と存在感を放っている卓越したリーダーである。

また、吉田茂元首相は「外交は命懸けということを肝に銘じて忘るるなかれ」とも述べている。この言葉の重要さは、本書に登場する太原雪斎や真田幸村父子、片倉景綱などを見てもわかっていただけるだろう。

危機や緊急事態など、問題が大きくなればなるほど、教科書のような正解はないものだ。しかし、軍師はその状況の中で、国や軍の戦略や方向性の決定を補佐していかなければならない。

長期的展望、いわば国家百年の計に立ち、国や人民や部下を守ると同時に、正しい方向に導いていかなければならない。それは、考えられうる、より正しい方向性の答えを見い出していかなければならないということでもある。

そのための選択肢は、最後は二者択一だ。大半の場合、一方の道は信念の道であり、もう一方の道は消極的な逃げの道である。

あらゆる情報を収集し、状況を読んだ上での、信念の道かどうかが判断基準といえるだろう。その差は、心構えの差によって生じているといってもいいかもしれない。本書でも各軍師の心構えを感じていただければと思う。

本書は経営コンサルタントや経営者としての私の経験を踏まえ、軍師の知略をできる限り現代のビジネスや人生の戦略のヒントに活かせるように工夫した。各エピソードの最後には、『孫子』や『論語』など古典からの名言や、軍師の名言、現代で活躍する人の名言などを掲載した。時空を超える考え方の共通点を感じ取り、日々の生活に活かしていただけたらと思う。

本書の十人の優れた軍師から、読者の皆様がビジネスや人生の戦略について少しでもヒントにして頂けるなら、著者として望外の喜びである。

平成二六年三月

皆木和義

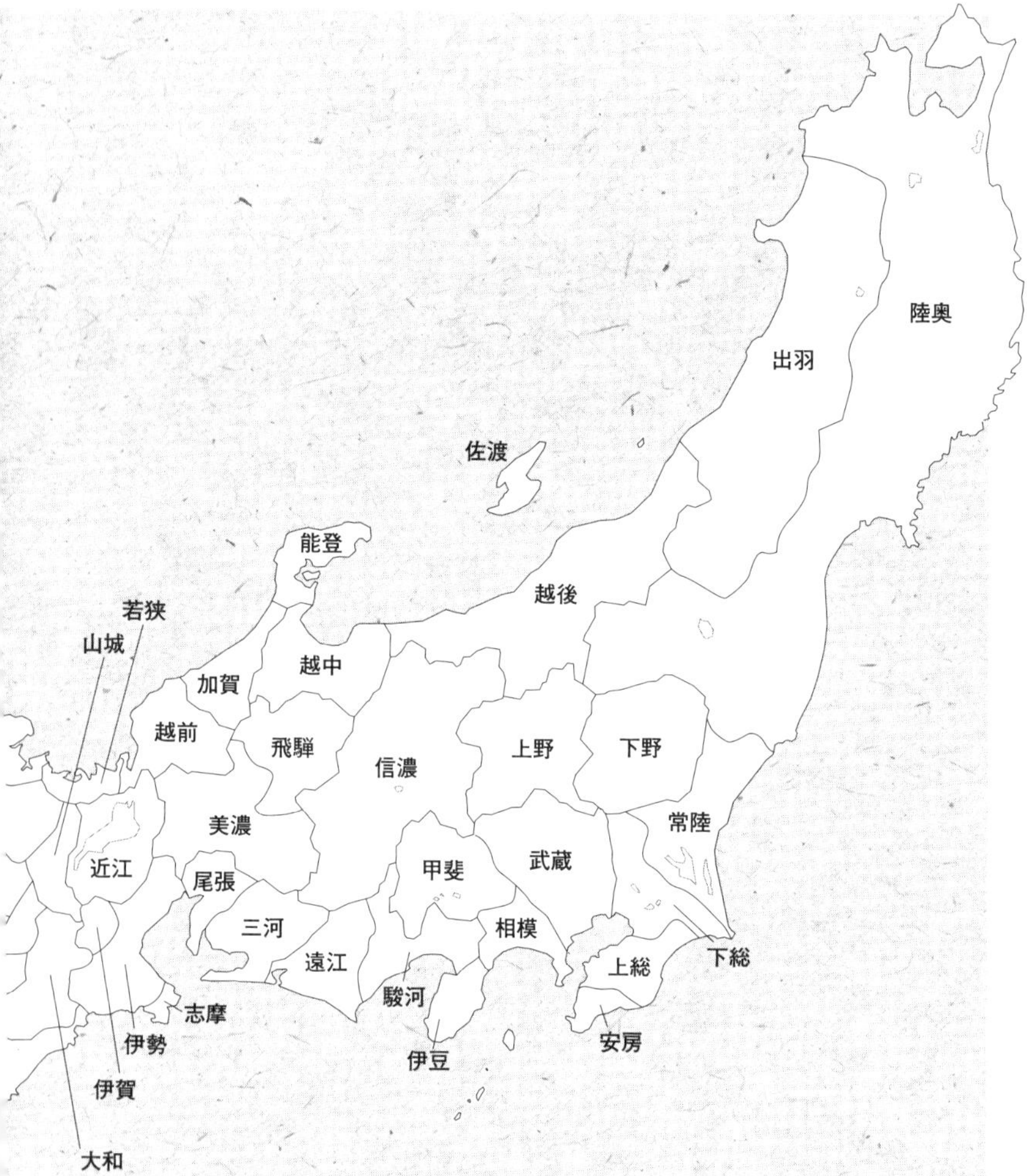
陸奥
出羽
佐渡
能登
越後
若狭
山城
越中
加賀
越前
飛騨
信濃
上野
下野
常陸
美濃
近江
尾張
甲斐
武蔵
三河
相模
遠江
上総
下総
駿河
志摩
安房
伊勢
伊豆
伊賀
大和

旧国名日本地図（戦国時代）

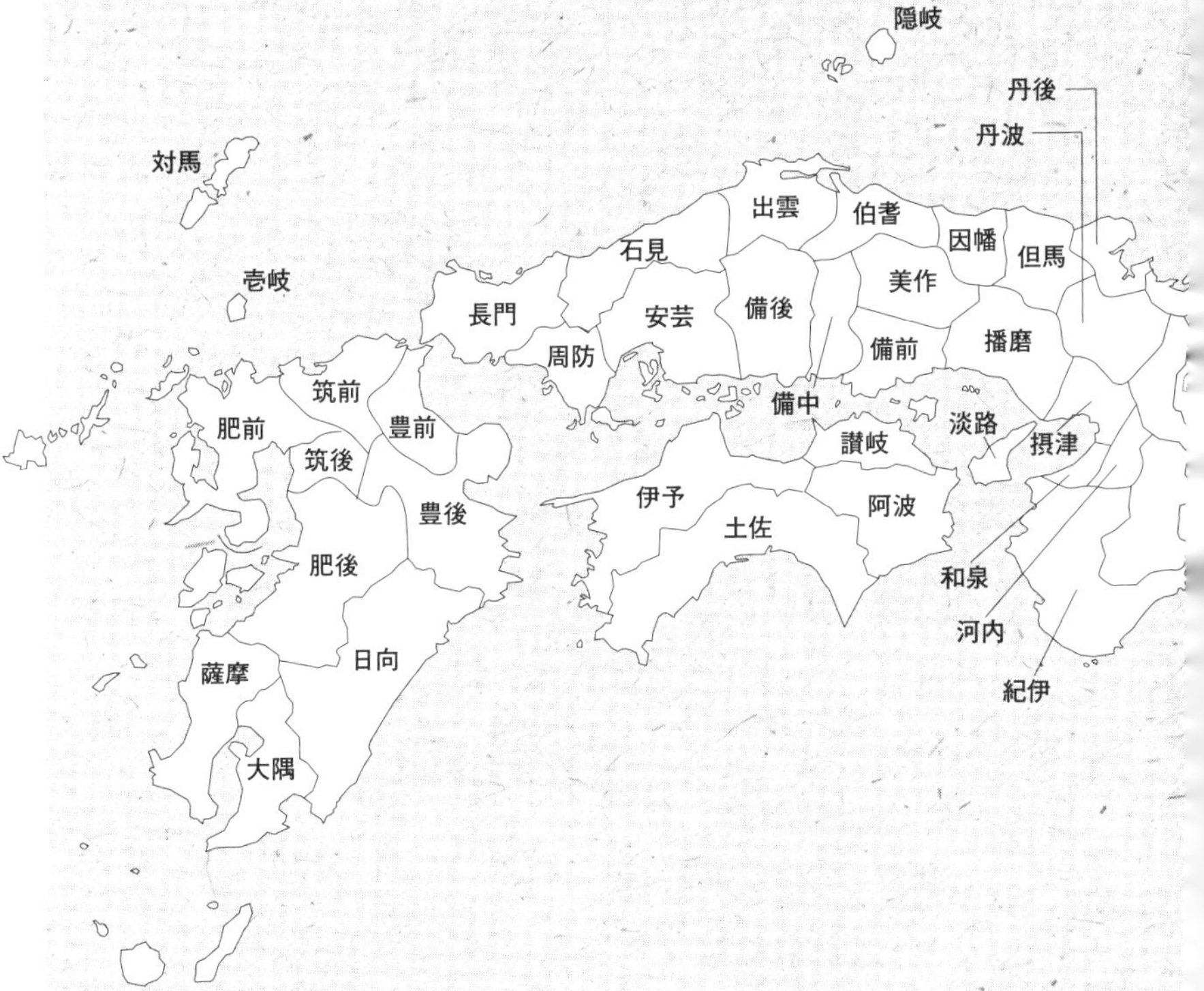

1554年(天文23年)頃の相関図

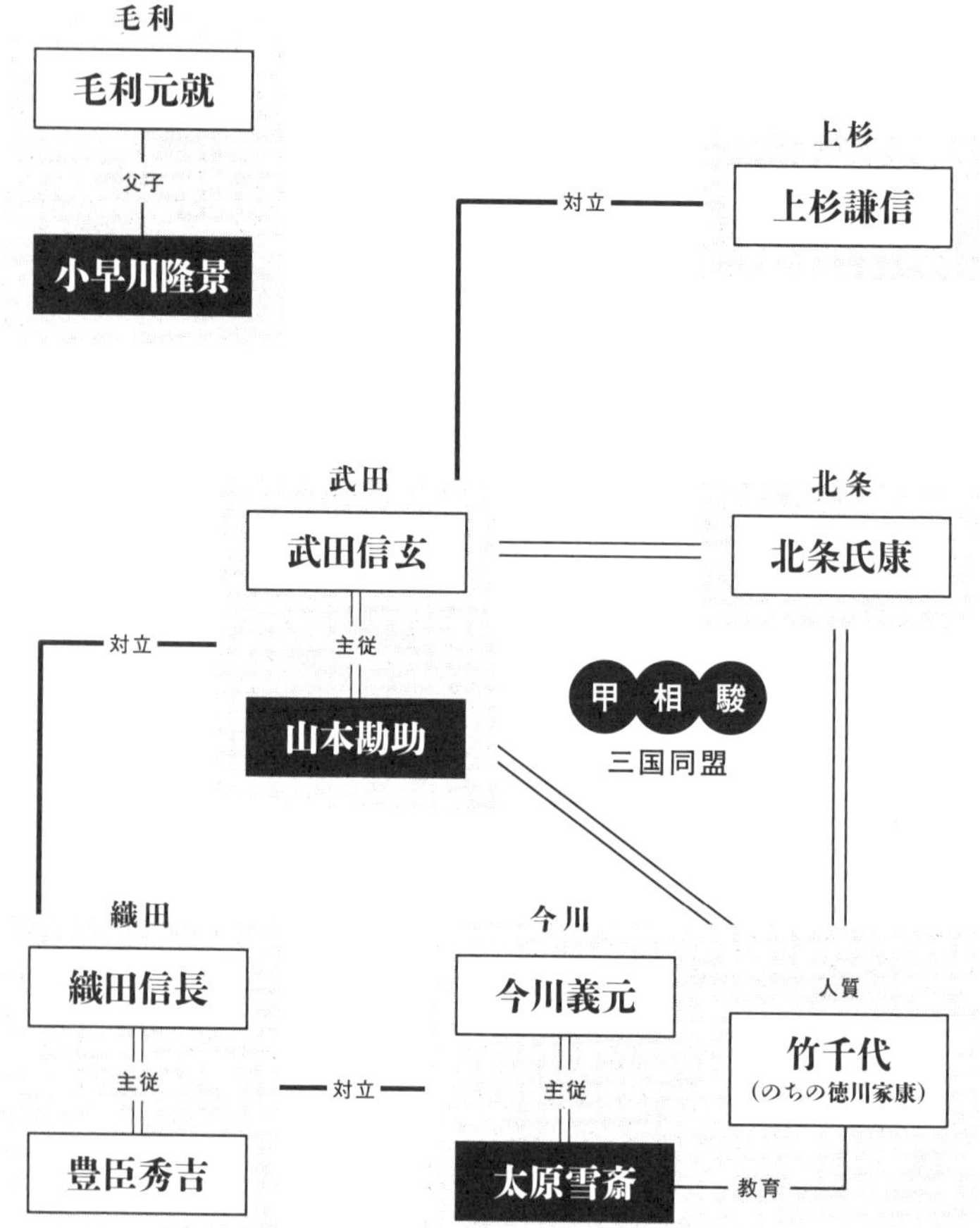

1575年(天正3年)以降の相関図

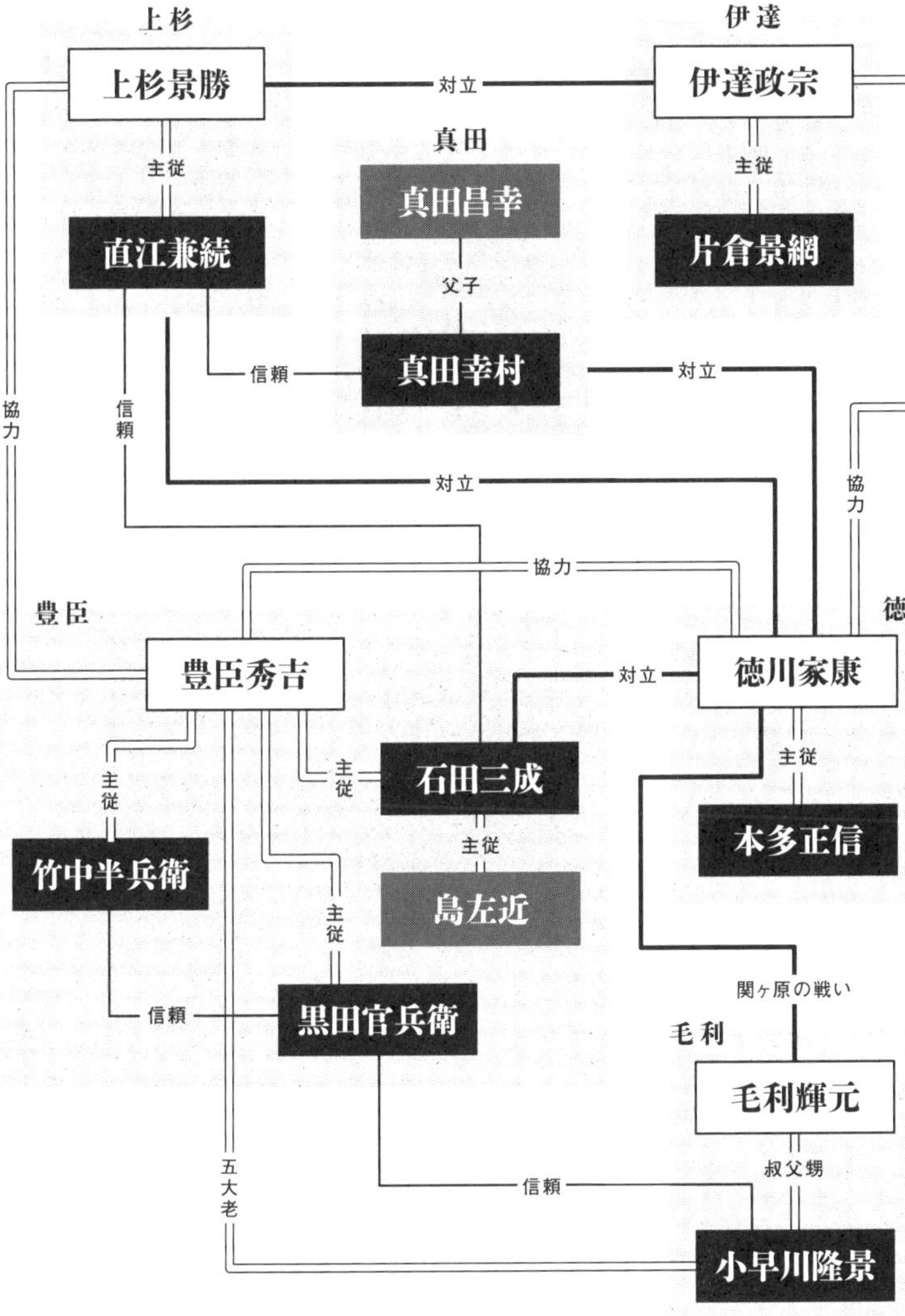

目次

CHAPTER

1

黒田官兵衛

Flexible Ideas

What Every Business
can Learn from
Strategists in History.

敵の強みを弱みに変える

黒田官兵衛

1546－1604

豊臣秀吉の軍師。黒田官兵衛孝高《よしたか》は、西播（兵庫県）の大名、小寺政職《まさもと》に仕えた黒田職隆《もとたか》の長男。秀吉に天下を取らせた男といわれ、名軍師として秀吉の出世、天下取りを大いに支えた。竹中半兵衛とともに「二兵衛《にひょうえ》」とも称され、鳥取城の兵糧攻め、備中高松城の水攻めなどを進言した。1589年、家督を嫡男の長政に譲り隠居し、出家して如水《じょすい》を名乗る。関ヶ原では東軍につき、九州で大友軍に勝利する。1604年、京都伏見藩邸にて死去。享年五九歳。

リーダーにふさわしいのは誰か

官兵衛は、姫路城に生まれた。この頃の播磨国（兵庫県）は、西に毛利氏、東に織田氏が勢力を張っており、東西を大国に挟まれた微妙な位置にあった。国人《こくじん》領主（国人衆）や小豪族が、毛利か織田か、どっちにつくのが有利なのか、双方の顔色を日夜窺っているような状態だった。

1575年（天正三年）7月、小大名の小寺家で何方につくべきかの評定がなされた。

いわゆる「御着会議《ごちゃく》」である。このとき、小寺家の居城・御着城（姫路市）の広間には、古参の重臣が並び、その中に三〇歳の黒田官兵衛もいた。

席上、当主の小寺政職が「今後、天下を獲る者は誰であろうか」と重臣たちに対して問いを発した。西隣の備前国（岡山）まで毛利の勢力が伸びてきており、小寺家との衝突は時間の問題だった。そういった背景もあり、小寺政職や重臣達は、毛利氏につくことを考えていたようであった。

しかし、この「誰が天下を獲るか」という問いに、官兵衛は「織田信長殿でござる」と断言するように答えたという。

『黒田家譜』などによると、この官兵衛の発言は、小田原の北条、駿府の家康、越後の上杉など諸家の情勢を分析した上でのものだったようだ。毛利と織田が残るであろうが、「当主の毛利輝元殿は天下の主たる器量ならず」と官兵衛は判断し、そのように答を返したのだった。

確かに毛利は十一か国を征する大領主であり、叔父である勇猛な吉川元春《きっかわもとはる》と名軍師で知勇兼備の小早川隆景の両名、いわゆる「両川」に支えられ、今は勢力を誇っている。しかし、大将である当主が天下人の器でなければ、いずれは弱体化せざるを得ないと分析したのだ。

これは、現代でも「トップの器（器量）以上に、企業は大きくならない」といわれているのと同様である。

一方、今川義元を倒し、武田勝頼を蹴散らした信長の戦いぶりに対し、官兵衛は「対する敵なかるべし（敵対してはいけない）」と述べた。「その上、天下を獲る条件に必要な京都などの畿内圏を、すでに領有している」とつけ加えたという。

小寺政職も重臣たちも同意し、直ちに小寺家を代表して官兵衛は岐阜城にいる信長を訪ねたのだった。

ちなみに、小寺政職が織田信長から離反するまでの五年間ほどを、黒田官兵衛は「小寺官兵衛」という名前で活躍した。しかし、ここでは黒田官兵衛と名を統一して論を進めたい。

会社や組織はトップの器以上になりません。
立派な会社や組織にしたいなら、まずリーダーが、
自分の人間性、人格を高めることが何より大事です。

——稲盛和夫

逆境に陥っても決して諦めない

官兵衛がはじめて織田信長と羽柴秀吉（後の豊臣秀吉）に出会ったのは、1575年7月、岐阜城だった。官兵衛が仕えていた小寺家は、天下統一の夢をかけ、織田家に正式に臣従した。官兵衛は臣従の証として、長子の松寿丸《しょうじゅまる》（後の黒田長政）を人質として信長に差し出した。

1577年（天正五年）、信長の命で播磨に入国した羽柴軍は、拠点の姫路城を中心に竹中半兵衛と官兵衛の策略を用いて播磨国の大半を織田方に帰属させていった。官兵衛はこの頃にやっと、名軍師への第一歩を踏み出したといえる。

翌1578年（天正六年）、織田軍がさらなる西進を目指していた矢先、事件が起きた。東播磨に影響を持つ三木城の別所長治が、突如として謀反を起こしたのだ。これに呼応するかのように播磨一帯の国人衆が次々と反旗を翻し、羽柴軍（織田軍）は、播磨の地で孤立状態になってしまった。

さらには、信長の有力家臣の一人で、播磨と京を結ぶ要衝に位置する摂津国、有岡城の荒木村重《あらきむらしげ》までも反旗を翻してしまった。そしてあろうことか、官兵衛の主君の小寺家までひそかに寝返ってしまった。

これには、織田家も困った。官兵衛の面子も丸潰れになってしまったともいえる。いわば、官兵衛の今までの努力が水泡に帰してしまったのだ。

信長に叛いた荒木村重を翻意させるべく、様々な使者が立ったが徒労に終わっていた。最後に、秀吉の命を受け、村重と面識があった官兵衛が説得に向かった。しかし、小寺家からは荒木村重に対し、官兵衛を暗殺するようにとの密使が飛んでいたのである。

その微妙な空気を薄々感じとって迷ったかもしれないが、官兵衛は、織田家の使者としての己の使命を全うすべく向かった。もしかすると、死を覚悟していたのかもしれない。官兵衛の思いも空しく、村重は官兵衛に会おうとしなかった。加えて官兵衛は捕縛され、地下の土牢に幽閉されてしまった。殺されないだけ良かったといわざるを得ない。ここで殺されていたら、後の名軍師・官兵衛はなかった。

村重がなぜ殺さなかったかは定かではないが、ある意味、旧知の官兵衛に親しみのようなものを少し感じていたのかもしれない。２０１３年、京都・相国寺光源院で新たに発見された手紙からそのことは窺い知れる。それは、官兵衛から村重に宛てたものだった。この手紙は、官兵衛幽閉から四年後の１５８３年に書かれたものである。しかし、幽閉の恨みは書かれておらず、官兵衛の器量を示すと同時に、ふたりの間に一定の人間関係があったことを推察できる。

しかしながら、幽閉された牢屋は狭く、きわめて劣悪な環境だった。秀吉軍に救出されるまでの約一年間を官兵衛はここで過ごした。官兵衛は信長・秀吉に忠節を尽くし、この期間を耐え切った。この間に、官兵衛は頭に皮膚病を患い、足も萎え、一人では歩けないほどになったといわれている。

この間の官兵衛はどのような思いだったのだろうか。人質に差し出した子供が殺されてしまったのではないか、家族はどうなっただろうか、信長や秀吉は自分のことをどう思っているだろうか、人質になるなど大失態だ、等々と、疑心暗鬼のマイナス思考に襲われたに違いない。日に日に健康が害されていることも感じていたことだろう。

他方で、決して諦めてはいけない、諦めたら死が来る、と様々な葛藤の中で、言い聞かせていたのではないだろうか。

官兵衛は、極限の逆境でも諦めない精神を発揮していた。あるいは、前向きなプラス思考で自身を鼓舞し、信長に忠節を尽くし切ったともいえるのではないだろうか。外との情報が遮断される中、官兵衛は牢の隙間から見える藤の花を心の支えにして生き、有岡城が落城する日を待ち続けたという。

現代においては、このようなことはそう起こることはないだろうが、もし投獄や理不尽な扱いがあった場合に、官兵衛のこのときの処し方が、生きていく上での何かの支え、あるいはヒントになるのではないだろうか。

現代でも、理不尽な投獄の事例はある。南アフリカのマンデラ元大統領、元三井物産副社長の島田精一氏（後に日本ユニシス社長などを歴任）などが私の記憶に残る。厚生労働省の村木厚子事務次官も冤罪にさらされ、信念を貫き耐え抜いた見事な生き方の人といえよう。

いずれにしろ、このときの官兵衛の処し方は、使命を全うするということが後に未来を拓くきっかけになることを示しているといえようか。それと同時に、このときに官兵衛の人間力が鍛えられたことは疑いないだろう。

人間は負けたら終わりなのではない。辞めたら終わりなのだ。

――リチャード・ニクソン

大統領選でケネディに僅差で負けた時の台詞。ニクソンはその後の大統領選で勝利し、ベトナム戦争を終結させた。

自分の信念を貫く

一方、信長は官兵衛の行方不明に対して激怒した。「戻ってこぬのは、村重に同調して寝返った証拠。人質の松寿丸を殺せ」と信長は秀吉に殺害を命じた。秀吉は迷った挙句、信長の命令なので従おうとしたが、竹中半兵衛が「その始末のお役目、拙者が仕りましょう」と助け舟を出したという。

半兵衛は秀吉の苦境を救い、すべての責任を背負ったのだった。ところが半兵衛は「官兵衛には、絶対に二心はない！」と信じていた。それゆえ、命を賭して、主君・織田信長の未来のために大局を考えて計略を用いた。

表向きには松寿丸を殺したことにして、密かに身内で信頼できる竹中家の重臣、不破矢《ふわや》足《そく》の屋敷（現在の五明稲荷神社あたり）へ匿ったのだった。小局的に見れば、信長への裏切り、命令違反だ。それだけ官兵衛を信じていたのだといえよう。

約一年後の１５７９年10月16日、有岡城は落ちて開城となり、官兵衛は奇跡的に救出された。その姿は、前述のごとく、頭に皮膚病を患い、足も萎え、一人では歩けないぐらいになっていた。幽霊のような様相を呈していたともいう。

秀吉は官兵衛が生きていたと知って喜んだが、官兵衛の息子を殺してしまったことに罪悪感を覚えて素直に喜ぶことができなかったという。するとそこに半兵衛が密かに松寿丸を匿っていたという報せが届いた。

これには秀吉も驚くと同時に狂喜した。他方、官兵衛も息子の命を助けてくれた竹中半兵衛に感謝しても感謝しきれぬ思いを抱いた。しかし、救出される五カ月前に、半兵衛は持病の労咳（結核）がもとで、中国攻めの陣中で没していたのだった。

官兵衛は息子の恩人である半兵衛に感謝の言葉を直接言えなかったことを深く悲しんだという。感謝の気持ちをこめ、官兵衛は家紋に竹中家の家紋の一部を入れこんだ、という逸話も残っている。

一方、信長は生前の半兵衛が自分に内緒で松寿丸を匿っていたと知ると呵呵大笑した。

「半兵衛め、またしてもやられたわ」。

それと同時に、官兵衛がこのような悲惨な状況になっても、信長を裏切らなかったという事実は、何よりも信長の心をつかみ、篤い信頼を得た。官兵衛は長期的な視野で物事を考え、信長が今後力をつけると信じていた。荒木に寝返って自分の命を守ることより、自分の信念を貫くことを考えたのだ。

その結果、翌１５８０年、この一件で毛利家へと逃亡した主君の小寺政職の旧領と播磨の一郡の一万石を加えた三万石を与えられ、黒田官兵衛は大名としての第一歩を踏み出すこととなった。信長への忠節が未来を拓いたのだった。

信無くば立たず

『論語』

もともとは「民信無くば立たず」。社会は政治への信頼なくして成り立つものではない、という意味。孔子が政治を行う上で大切なものとして「軍備」「食生活」「民衆の信頼」の三つを挙げ、中でも重要なものが信頼であると説いた。

水攻めという奇策

有岡城から救出された官兵衛は義に厚い「節義の士」、至誠を貫く「忠義の士」と評価され、秀吉に一層重用されるようになったという。

この後、1581年の中国地方への侵攻作戦、いわゆる中国征伐から、「軍師」としての黒田官兵衛が歴史の舞台に本格的に登場してくる。特に著名なものが『備中高松城の水攻め』である。

備中高松城は現在の岡山県岡山市北区に位置する。跡地は現在高松城址公園となっていて、最寄りの駅はJR西日本「備中高松駅」である。水攻めの築堤跡は蛙《かわず》ヶ鼻に一部残存している。岡山は筆者の故郷であり、備中高松城主・清水宗治《しみずむねはる》は岡山では著名な勇将だったので、以前現地に行って、自分も水攻めの戦略を発想できるかどうか、官兵衛の思考を追ったことがあった。また、それと同時に清水宗治の胸中を考えた。

四百年以上前に戦国の武将たちがここで生死をかけた戦いを展開したのかと思うと、まさに俳聖・松尾芭蕉の「兵どもが夢のあと」である。現地の空気に触れるだけで感慨深いものがあった。

さて、この水攻めが発想された背景はこうだった。備中高松城の城主、清水宗治は、織田軍からの帰順の誘いを断り、中国地方の覇者でもある毛利氏から受けた恩顧を重んじて毛利方についた。交渉が不調に終わった秀吉は、二万五千ともいわれる兵で城を包囲し、力攻めで一気に殲滅する作戦を採った。対する備中高松城の城兵は約三千だったという。

それにも関わらず、備中高松城の兵は心を一つにしており強力で、秀吉軍は苦戦を余儀なくされた。そこで秀吉は、織田信長に援軍を要請すると同時に、信長が十万以上の援軍を連れて岡山にやってくるという噂を流布し、敵兵の戦意を挫こうとした。しかし、清水宗治の守る備中高松城は手ごわく、このままでは、いたずらに犠牲が出るばかりだった。

攻めあぐねた秀吉は黒田官兵衛の策にもとづき、水攻めによる兵糧攻めをすることを決したという。兵糧攻めは、ある意味一般的な手法であったが、水攻めは「天下の奇策」である。そんな手があったのかと、あっと驚いたことだろう。

官兵衛の戦略「敵の強みを弱みに変える」

では、どのようにして水攻めの策が生まれたのだろうか。当時の資料にも近年の文献にも、この思考のプロセスが記載されたものは残念ながら見たことがない。そこで、独自に官兵衛の思考を推理し追った。官兵衛の戦略思考の原点は『孫子』の兵法である。

『孫子』に「百戦百勝は善の善なるものにあらざるなり。戦わずして人の兵を屈するは善の善なるものなり」という言葉がある。

この一文からも、孫子が自国の安全と人命の尊重を最も大切にすると同時に、敵国の財産や経済・文化、人民をそっくりそのまま手に入れる形で勝つのが最善の勝ち方と考えているのがよくわかる。

そのためにはまず、いかに「戦わずして勝てるか」を考えるのが、戦の常道である。したがって、調略、交渉によって、投降させるのが一番良い。兵力の損耗がまったくないからだ。今でいえば、友好的M&Aやアライアンス戦略といえよう。

しかし秀吉軍は、緒戦で敵対を明確にしている相手に対し、力攻めをしてしまい、すでに兵力を損耗していた。ここで手間取れば、籠城する備中高松城に毛利の援軍がやってきて、面倒なことになる。時間との戦いである。援軍を遮るためには、スピードが要求された。

他方、官兵衛は『孫子』の、戦争に勝つためには「道、天、地、将、法」という五つの要素、「五事」を考えなければならないという言葉を思い浮かべたことだろう。

孫子は次のように述べる。


「兵は、国の大事にして、死生の地、存亡の道。察せざるべからず。

故に之を経むるに五事を以てす。一に曰はく道、二に曰はく天、三に曰はく地、四に曰はく将、五に曰はく法。

道とは、民をして上と意を同じくせしむるなり。故に以て之と死すべく、以て之と生くべくして危きを畏れず。天とは、陰陽・寒暑・時制なり。地とは、遠近・険易・広狭・死生なり。将とは、智・信・仁・勇・厳なり。法とは、曲制・官道・主用なり。凡そ此の五者は、将聞かざるは莫し。之を知る者は勝い、知らざる者は勝たず」

すなわち、五事とは、道、天、地、将、法の五つの事である。これを現代語に訳すると次のようになる。

第一の「道」とは、民衆が君主と心を同じにしていて、危険も恐れずに、君主と生死をともにするような一心同体の一致団結した政治を行っているか否かである。

第二の「天」は、天の時があるかどうかである。主として天候などの自然条件で、気候が陽気か陰気か、明るいか暗いか、暑い時か寒い時かなどである。また、行動や戦争を起こすタイミングが良いかどうかなど、それらが天の時に合っているかということである。

第三の「地」とは、地の利を得ることができるか、あるいは、地の利を自軍に取り入れているどうかである。地の例として、孫子は距離が遠いか近いか、戦場の地形が険阻か平易か、広いか狭いか、高いか低いかなどを挙げている。

第四の「将」とは、将軍・戦争指導者の将としての器・力量、能力である。孫子は五つの要素を特に重視している。

まず一番大切と考えている将の要素が「智」で、優れた戦略や奇略を立案したり、情報を的確に分析し情勢や状況を客観的に冷静に判断したりすることができる知力や智恵である。客観的に冷静にというのは、怒りや恨みなどの個人的感情や主観を判断の中に絶対に入れてはいけないということも意味している。

そして「信」は、君主からも部下の兵士からも信頼される信義の心を持った人物（リーダー）かどうかである。「仁」は、部下（間諜を含む）や兵士を使い捨てにせずに深い愛情を注ぐ思いやりや慈悲を持っているかどうか。「勇」は、敵を恐れずに縦横無尽に采配を振るい、怯むことなく戦略を果断に実行する勇気があるかどうか。

最後の要素として「厳」は、軍律や規律を厳格に適用できるかどうかである。規律違反や軍令違反などがあった場合などは、場合によっては部下を処刑・厳罰に処すことのできる非情な厳しさが必要であり、重要であると孫子は考えている。また、そのことから、威厳も自ずから生まれてこよう。

第五の「法」とは、軍制や軍規、軍律などのことである。軍隊の編成、軍の指揮命令系統や賞罰、車両や軍需品の輸送や補給、後方連絡網の確保などの兵站に関わる仕組みが万全にできているか、また、この軍規などが正しく定められていて厳格に守られ、実行されているかどうかということである。

だいたい、この「五事」は将軍たる者は誰でも知ってはいるのだが、これを真に理解している者は勝利し、理解できていない者は勝利することができないと孫子は強調している。真に理解しているかどうかとは、この「五事」のバランスをよく理解しているか、臨機応変に五事を巧みに使いわけができるかどうかである。

官兵衛は備中高松の現地の状況を見ながら、また、地形図を見ながら、あらためて深くこれらの「五事」を比較しながら策を練ったに違いない。この「五事」は、現代においても競合するライバル企業との企業力の比較の上において有用である。私自身も「五事」の角度からのSWOT分析という形で、経営でもコンサルティングでも使わせてもらっている。


さて、まず「道」はどうか、である。備中高松城の城主も重臣も一兵卒まで、上下一体となって、心を一つにしているから、現時点でここにつけ入ることは容易ではない。

「天」の時は、雨が多い梅雨の時期。

「地」は、地の利である。備中高松城は沼沢地にある沼城であり、芦守川が近くにあって、天然の要害となっている攻めにくい地形であり地勢である。

「将」の備中高松城主・清水宗治は勇将である。

「法」を見るに、敵の軍律や組織編成はしっかりしていて、一人一人の兵士がよく訓練されていて手強い。


この「五事」を考える中で、敵の弱点を考えたが、どれも容易にすぐには崩せない。戦わずして勝つためにはどうするか。定石的には、兵糧攻めである。しかし、兵糧攻めは時間がかかる。毛利の援軍が来てはまずい。今は時間との戦いで、スピードが要求される。

官兵衛は考えに考えた。敵の強みを弱点に変えられないか。備中高松城は平城であるが、深田や沼沢の中にかこまれていて人馬の進み難い要害の城であることが敵の強みである。

しかし、これをよく考えると、備中高松城は水面との比高が4メートルほどしかなかった。これが弱点だと官兵衛は見抜いた。敵の強みである「地の利」が、逆の角度から見ると、弱みに転化できる。「備中《びっちゅう》高松城の周囲に巨大な堤防を築き、堤防内に城の西側を南流する足守川の流れを引き込んで城ごと水没させよう」という計略である。いわば人造湖だ。そう思った瞬間、官兵衛は答えを見つけたと思ったに違いない。

官兵衛から提案された策を秀吉は採用した。これは戦いというよりは、土木工事であった。結果は、実際の戦闘による損耗を避け、城を孤立させ、兵糧攻めと毛利方との情報遮断も合わせて実行する、効果的な戦略の実現となった。孫子は「凡そ戦いは正をもって合し、奇を以て勝つ」（戦いは、まず正攻法で戦い、最後は奇略、奇策で勝つ）というが、まさに奇略といえよう。

秀吉軍は、堤を突貫工事で十数日という短期で完成させた。堰き止めた長さは、3キロ、高さは7メートルといわれている。そのときは梅雨時で、水攻めはすぐさま効果を発揮した。水攻めの築堤は、基底部22～24メートル。上幅10～12メートル、高さ7～8メートルの大きさで、約4キロにわたって築かれたとされる。これは、宇喜多《うきた》家の重臣、千原《ちはら》九右衛門勝則《くえもんかつのり》が設計した。高さが7〜8メートルなので、備中高松城は高い部分を除いてほとんど水没する形になってしまうわけである。

この水攻め戦略は、敵の強みを弱みに変える戦略であるが、学ぶところは大きい。経営的にいえば、「敵の資産を負債化する戦略」である。

ライバル企業と戦う場合には、官兵衛のこの水攻め戦略を思い浮かべながら、「敵の資産を負債化する戦略」はないかと考えている。そのためには、敵の強みの構成要素の一つ一つを一八〇度逆にして考え、戦略を練る発想と思考が有効である。

他方、最初に常に考えるのが、いかにすれば「戦わずして勝てるか」である。成長戦略や新規事業創出などの場面を考えると、それはニッチ戦略であり、ブルーオーシャン戦略を考えるということになるだろう。

百戦百勝は善の善なるものにあらざるなり。戦わずして人の兵を屈するは善の善なるものなり。

——『孫子』

百回戦って百回勝ったとしてもそれが最善の策とは限らない。戦わないで敵を屈服させることこそ最善の策なのだ。

想定外の事態に逆転の発想をする①――本能寺の変

秀吉は信長が十万余の大軍で備中に押し寄せてくるという噂を毛利方に広め、毛利方にプレッシャーをかけつつ、水面下では毛利方との和睦のための有利な条件交渉もひそかに進めた。前述のごとく、「戦わずして勝つ」、すなわち戦わずして目的を達成するのが、最上の戦略だからである。目的は信長の掲げる「天下布武」である。

ところが、1582年6月2日早朝、秀吉がまさに水攻めで勝利を手中にせんとしているとき、本能寺の変が起こり、主君信長が明智光秀に討たれてしまった。寝耳に水、想定外の驚天動地の大事件勃発だった。

備中高松城を攻めている最中、本能寺で織田信長が横死したのだ。6月3日夜半、秀吉は本能寺の変を知り、驚愕し、涙し、動揺した。

このとき、官兵衛が取り乱す秀吉に対して「御運が開かれる機会が参りましたな」と耳元で囁いた。これにより秀吉は「はっ」となって落ち着きを取り戻したという。しかしその一方で、官兵衛の智謀を恐れるようになったともいう。

官兵衛とすれば、主君を元気づけようという思いもあったのではないか。しかし、良かれと思って言ったことが、不用意な一言となり、官兵衛への不信感を植えつけ、逆効果になってしまった。それ以来、秀吉は官兵衛に心から信を置かなかったと言い伝えられている。

いずれにしろ、本能寺の変の起こった当時、信長軍団の有力武将である柴田勝家などは遠方におり、すぐさま信長の仇を討てるような状況ではなかった。信長の仇を打てば、その人間が次の天下人を手中にする可能性が高かった。官兵衛は一瞬にしてこのような冷徹な計算も行ったことだろう。

ともあれ、秀吉は官兵衛の言葉で我に返り、直ちに弔い合戦を決意した。ちなみに、秀吉に運命の信長横死の情報をもたらしたのは、光秀が毛利氏に送った密使が秀吉の陣中に迷い込んだからといわれている。毛利方への情報遮断を戦略に置き、情報網を張り巡らしていた秀吉ゆえであったろう。また、信長の側近で茶人の長谷川宗仁の使者から知らされたという説もある。

さて、通説によれば、本能寺の変を知った秀吉は、まず「信長死す」の情報が毛利に知られないように、直ちにその夜のうちに山陽道を遮断した。それと同時に、条件を緩和して毛利方との講和を急ぐことを決断。官兵衛は迅速に行動し、4日の朝には、毛利に和睦交渉を申し出た。

信長横死の情報を秘し、秀吉が官兵衛らを通じて毛利氏側に提示した和睦内容はこうだ。備中高松城主・清水宗治が切腹すれば城兵の命は助ける。織田氏側が割譲を要求している毛利氏の領国である備中・美作《みまさか》・伯耆《ほうき》・備後《びんご》・出雲《いずも》を、備中・美作・伯耆に縮小しても良いという条件であった。

そのうち信長が大軍を率いてやってくると毛利側は考え、また、水攻めと兵糧攻めでギリギリの状態に追い込まれていた宗治は、主家と「部下三千の命が助かるなら」と名誉の自刃を決意し、和睦がまとまった。

4日、秀吉本陣前に小船を浮かべ秀吉から贈られた酒肴で最後の盃を交し、能の『誓願寺』の曲を舞い、宗治は見事に切腹した。享年四六歳だった。

『誓願寺』は阿弥陀信仰の能で、和泉式部の霊が歌舞の菩薩となって成仏できた喜びの舞の曲である。この曲を最後に選んだこと自体、清水宗治の心中を察して余りある。

辞世の歌は「浮世をば　今こそ渡れ　もののふ（武士）の　名を高松の　苔に残して」。

宗次は、毛利氏の家臣となって以後、小早川隆景の配下として、毛利の中国地方の平定に従軍した。忠誠心厚く精励し、隆景をはじめとする毛利の首脳陣から深い信頼を得ていたという。

後に、天下人となった豊臣秀吉は、清水宗治の子息の景治を大名として取立て、直臣になるように勧誘したが、景治はこれを拒否して、小早川家臣でいることを選んだという。

父の無念、思い、志を受けてのことであったろう。

秀吉は信長の敵討ちのために一刻も早く京へと戻りたいところであったが、官兵衛の進言によって、「名将・清水宗治の最期を見届けるまでは」と礼を尽くし、陣から一歩も動かなかったといわれている。また、焦りを見せないためにも、悠々たる姿勢が必要だったともいえよう。

また、後に小早川隆景に会った秀吉は「宗治は武士の鑑であった」と絶賛したという。その言葉に小早川は面目を施し、あらためて秀吉の器量に惚れこむと同時に、隆景も折に触れこの宗治の見事な生き様を語っていたといわれる。清水宗治の身を捨てた忠誠、家臣思いの生き様は、その名を永世に残した。

このように、秀吉は清水宗治を活かし、小早川隆景の忠誠も獲得した。その陰には、官兵衛の陰に陽の働きがあった。


「辛抱強さ」や「冷静さ」は、知能指数よりも重要かもしれないと、私は思っています。

——ウォーレン・バフェット

想定外の事態に逆転の発想をする②——中国大返し

毛利と急ぎ和睦した後、秀吉は京都に迅速に軍を返すのであるが、これがいわゆる『中国大返し』のエピソードである。

この時、官兵衛は殿軍《しんがり》を務めるとともに、兵站《へいたん》、ビジネスでいえばロジスティックスで万全ともいうべき手を打った。

和睦をしてから6月12日までの短期間で、京までの約二百数十キロの距離を二万五千の軍勢がぬかるみや川の氾濫や梅雨の雨に遭遇しながらも、進軍したのである。中でも、岡山から姫路までの約九〇キロを二日で移動したことは、当時の道の状況や人数を考えれば、まさに電光石火の早業といえよう。

重い甲冑武具等は別便で送り、兵は褌一つで、ただ駆けに駆けたからだ、ともいわれている。それと並行して、播磨を知り尽くした官兵衛や馬借や船頭・川並衆に強い蜂須賀小《はちすかこ》六正勝《ろくまさかつ》や生駒一族が縦横無尽に動いたことは想像に難くない。道筋に沿っての松明・炊き出し・替え馬・渡し舟など、先駆けを走らせて徹底させたという。

この効率的な手抜かりのない兵站力、輜重力《しちょう》（作戦軍のために軍需品の輸送や補給などの後方支援をする力）が秀吉軍の神業をなさしめた。官兵衛の智謀のすさまじさといえよう。

少し明智光秀との山崎の戦いまでの経緯を見てみよう。6月5日には、和睦の儀式や兵量の徴収に費やし、毛利軍の撤収を秀吉は見届けると同時に、秀吉は中川清秀、高山右近らに「信長生存」の書状を送って、動揺しているだろう畿内の織田の武将の光秀への加担を防いだ。6月6日、秀吉は備中高松城から退却した。6月7日に姫路城に入り、ここで城内にある全ての金銀や全部の米を武将に足軽に配布し、士気を高めた。同時に、秀吉は、養子・秀勝（信長の子）、堀秀政らとともに頭を丸めて剃髪し、弔い合戦を強調し、大義名分とこれからの戦いの意義と目的を統一、徹底した。

他方、二日間に渡る強行軍から、姫路城へと落ち着いた秀吉はここで束の間の休息を取った。それとあわせて、軍編成など決戦に向けての準備を着々と進め、9日を出発日と決めていた。

そのとき、常々、家中にてご祈祷などを行っている秀吉が帰依している真言の護摩堂の僧が、不吉なことを進言してきた。

「明日のご出陣はことのほか日柄が悪うございます。出て再び帰ることのできない悪い日です。それゆえ、出陣は明後日になされ、明日の出陣はとりやめた方が良うございます」。

当時、出陣の際に僧侶などが吉凶を占うことは日常的なことで、開戦の日時などもそれで決定することも多かった。しかしもし、戦勝祈願を祈祷するような僧がそのような不吉なことを言っていることが伝われば、家中に、動揺が生じる恐れがある。そのような負の感情がどこかにあれば、士気が下がり一人一人の能力を最大限に活かすことはできない。

それに対して秀吉は「さようか」と笑みを浮かべながら次のように返答を返した。

「それは秀吉にとっては一段と吉日である。なんとなれば、亡きご主君の無念をはらすため討死にの覚悟であるから、この城には生きて再び戻ることはあるまい。また、光秀に勝てば、秀吉は大利を得て、思いのままにいずこでも国に居城、大城を構えることができるから、姫路に、この小城に戻る必要がない。であれば、明日はまたとなき吉日。明日こそはわが軍のために吉日ぞ」。

僧は恐れ入ると同時に、秀吉の機転に感嘆したという。また、その秀吉の言葉を聞いた部下は安心し、士気も鼓舞されることだろう。秀吉らしいプラス思考といえる。

他方、「決戦で敗北したら、この城を焼き尽くしてくれ。家族には言い含めてある」というように、背水の陣を引き、遺言まで残した。この一連の行動、言葉には秀吉の気迫が感じられるし、この決意を耳にした末端の兵士にまで秀吉の覚悟が伝わり、身を引き締めたことだろう。

6月12日、富田で信長の三男、神戸《かんべ》（織田）信孝《のぶたか》、丹羽長秀《にわながひで》らと合流。特に信孝を羽柴軍の上に迎えたことで、明智光秀討伐の大義を明白に手にした。どんどん人が結集、合流し、この時、羽柴軍の総数は三万六千に達した。そして、6月13日、山崎の合戦で、明智軍一万六千を撃破した。このとき明智軍の戦意を大きく挫いたのが、官兵衛が毛利の小早川隆景から借り受けた毛利軍の二十旗の旗だったという。秀吉と戦っていたはずの西国の雄の毛利家までもが、秀吉の味方についたのかと思せたからだった。

この後は歴史の証明する通りであるが、戦う前に勝負はついていたともいえよう。いかに人を結集するかにおける大義名分の重要性である。また、その時代、その時の一番良い大義名分が人を活かす経営の重要な要諦といえよう。まさに、秀吉の天下人への軌跡は、官兵衛の機転と尽力による毛利との和睦と「中国大返し」から始まったのである。

読者の皆様も、想定外の事件や事態にあった際には、この「中国大返し」のエピソードをヒントにされてはいかがだろうか。

これを亡地に投じて然る後に存し、
これを死地に陥れて然る後に生く。

『**孫子**』

絶体絶命の窮地に自らの軍を追い込む。それでこそ、はじめて活路が開ける。

官兵衛、隠居して如水となる

その後官兵衛は、四国征伐、九州征伐、小田原征伐にも参戦し、秀吉の天下取りを大いに支えた。名参謀として調略や諸大名との交渉などに手腕を発揮し、その功として、豊前に十二万石を与えられ中津川を居城とした。

ただ、官兵衛が多大な功労者であるにも関わらず、十二万石という石高は加藤清正や蒲生氏郷《がもううじさと》などに比べて低かった。それは、秀吉が官兵衛の才知を高く評価すると同時に、己の座をも脅かしかねないものとして恐れたからだといわれている。さらには、石田三成の讒言《ざんげん》（事実を曲げて目上の人に悪く言うこと）があったともいわれている。

他方、官兵衛は智謀の策略家、天下を狙う油断ならない男というようなイメージがよく伝えられている。ある面、戦国武将は誰しもそうであり、またそうでなければ、生き残れなかったろう。

それゆえであろう、1589年、秀吉に疎まれていることを感じた官兵衛は、四四歳のときに早々と家督を嫡男・長政に譲って隠居・出家の身となった。「官兵衛」は通称、「孝高」は諱《いみな》つまり実名、出家後の号が「如水」である。「如水」の号は、老子の「上善如水」（上善水の如し）よりとったと伝えられている。また、「如水」と号して隠居・出家したのは、二心などないという秀吉への誠の心の思いを秀吉に伝えたかったからだともいわれている。
私自身は、黒田如水の根本は、主人思いの誠のある忠節の人だと思っている。小田原征伐の際にも、小田原城開城の使者に立ったのは、黒田官兵衛、隠居して如水だった。秀吉は黒田如水を使者として北条氏政、氏直父子を説得させ、間もなくして小田原は城を開いた。その際、感謝の印として、氏直から北条家の家宝の名刀「日光一文字」が如水に贈られている。これは、如水、官兵衛の誠を、「節義の人」であるということを氏政、氏直父子も感じたからではないだろうか。

上善水の如し

『**老子**』

「上善」とは、最も理想的な生き方のこと。そのように生きたいならば、水のあり方に学べというもの。「水」の特徴は次の3つ。

第一は、器に逆らうことなく形を変える柔軟さ。

第二は、人が好まない低い位置へ流れていく謙虚さ。

第三は、水は時に硬い石をも砕く強い力を持っていること。

率先垂範の倹約の理念経営

黒田如水は、常に倹約をして無駄な出費を嫌った軍師であり武将の一人といえるだろう。手道具に至るまで粗末なものを使い、どの品でも長い間持つということをせずに、近《きん》習《じゅ》の者などに、例えば羽織は百五十文とか二百文くらいで、また、足袋などもそれ相応の値段で払い下げていたという。

側近の者が「少々のお金のために払い下げをされなくとも、拝領を仰せつけられればよろしいのに」と言上したところ、如水は「物を貰うのと自分で色々考えて買うのとどちらが嬉しいか」と微笑しながら聞き返した。

皆が口を揃えて「人から貰うのも誠に嬉しゅうございますが、自分で買ったほどではございませぬ」と答えたという。すると、如水は次のようにいった。

「さもありなん。貰った者は喜ぶであろうが、貰わぬ者は恨みを含むのではないだろうか。誰にやって誰にやらない、で良いというわけのものではない。だからといって功のない者にもやれば、功のある者に恩賞を与えるときに、その効果がない。だからこそ、古い物をやりたいと思うときは安く下げ渡すのだ。お前たちにしても、わずかでもお金を出して買う方が得ではないか」。

人情の機微を知りぬいた如水のやり方ではないだろうか。

また、こうも言った。

「金銀を用いるべき事に用いなければ、石瓦と同じである」。無益な出費を戒めるのは当然だが、単なる蓄財のための蓄財では、本末転倒だというわけである。

さらには、家臣たちに「庭には梅の木を植えよ。梅干ができるので食うには困らぬ」と命令し、倹約した財を貧しいものに恵み、窮する者を助けるために惜しみなく使ったという。そのための倹約、蓄財であるとその理念を家臣たちには心をこめて説明した。

家臣たちは如水の理念に共感・納得し、倹約に励み、武具を整え、いつでも出陣できる磐石の態勢を作っていたという。これは現代の危機管理も、リスクマネジメントも同様ではないだろうか。

治《ち》に居《い》て乱を忘れず

――『易経』

世の中が治まり平和なときも、常に乱世になったときのことを考えて準備を怠ってはいけないということ。

適材適所の考え方

如水は人の心というものをよく考えていただろう。人の心はころころと猫の目のように変わるもの、あるいは、どんどん動くものである。それは今も昔も変わらないだろう。

特に、戦国時代や江戸時代などは主君や将軍の心が変われば、その中で、生き残りながら、自分の信念、譲れないものとのせめぎあいをしていくのが人間だろう。

さて、如水は適材適所を特に大切にしていたようだ。次の言葉などを見れば、そのことが推察される。

如水は「部下を夏の火鉢や日照りの雨傘にするな」と息子の黒田長政に言ったという。夏の火鉢が役には立たないのと同様に、日照りの日に役に立たない雨傘にしてはならない。すなわち、適材適所、その人その人が持っている能力をうまく使いこなすことが大切だというわけである。適材適所の考え方は今も昔も変わらない。

また、如水はよく人を用いる人であった。つまり「人間通」だったといえよう。

優秀な人間がたまたま悪行を行ったりした場合には、まず職位や禄を与えたり、あるいは、金銀衣服などを下賜しておいて、その後二、三日してからその悪行を咎めたという。

そのため家臣たちは恩賞を受けてもおごり高ぶることもなく、罰を受けてもさして恨みに思わなかったという。
いつの時代でもペナルティ人事は難しい。この手法は、現代でも応用できるのではないだろうか。

人が第一、戦略は二の次と心得ること。仕事でもっとも重要なことは適材適所の人事であって、優れた人材を得なければどんなにいい戦略も実現できない。

――ジャック・ウェルチ

人生訓を持つ

また、如水は「水五訓」を人生訓としていたと伝わっている。他方、これは大和ハウスの創業者石橋信夫の座右の銘でもあった。経済人に信奉する人も多い言葉である。また、内容とともに、この文語的な詩のような語調や響きを愛好している人も多いと聞く。「水五訓」の語感や文の響きも合わせて味わっていただければと思う。

一、自ら活動し他を動かしむるは水なり
一、常に己の進路を求めて止まらざるは水なり
一、障害に逢ひて激しく其勢を百倍し得るは水なり
一、自ら潔らかにして他の汚を洗ひ清濁併せ容るるの量あるは水なり
一、洋々として大洋を充たし発しては蒸気となり雲となり雨となり雪と変し霰《あられ》となり凝ては玲瓏《れいろう》たる鏡となり其性を失はざるは水なり

黒田如水が「水五訓」を真に人生訓としていたかどうかの文書は残っていないが、彼の生きざまを考えてみるとき、如水の心はこうであったろうと推察される。

というのは、黒田如水の思想の土台となっている孫子の兵法に同趣旨の言葉があるからである。水のように形を変える臨機応変の柔軟性を孫子は次のように大切にしているので、如水の人世訓の原典はもしかするとこれかもしれない。

「夫れ兵形は水に象《かたど》る。水の行くは、高きを避けて下に趨《おもむ》く。兵の形は、実を避けて虚を撃つ。水は地に因りて流れを制し、兵は敵に因りて変化して勝ちを制す。故に兵に常勢無く、水に常形無し。能《よ》く敵の変化に因りて勝ちを取る者、之を神と謂ふ」。

現代語に訳するところである。

「そもそも軍隊の形は水のようなものである。水の流れが高いところを避けて下へ向かって流れていくように、軍隊も敵の充実したところを避けて敵の弱点や手薄なところを攻めていかなければならない。水は地形のままに従って流れを決め、軍隊は敵の実情に応じて変化して勝ちを制する。だから、戦争には決まった形やパターンなどなく、水もまた決まった形などない。すべて敵の変化に柔軟自在に対応して勝利するのである。この水の性質のような臨機応変、活機応変の巧みな変化を神妙の技、神業という」。

あらためて、水の心の生き方や経営、「水五訓」や孫子の「水」の深いメッセージを感じられてはいかがだろうか。また、「水五訓」をビジネスの信条とされて、ビジネス成功の指針として欲しい。

おもひおく　言の葉なくて　つひに行く
道はまよはじ　なるにまかせて

──『黒田家譜』

もうこの世に思い残すことは、何もない。
今は迷うことなく水の如く心静かに旅立つだけだ。（黒田如水・辞世の歌）

CHAPTER

2

竹中半兵衛

A Strong Belief

What Every Business
can Learn from
Strategists in History.

竹中半兵衛

1544−1579

国のためなら主君に逆らうことも厭わない

美濃国菩提山《ぼだいやま》城主。諱《いみな》（本名）は重治《しげはる》という。半兵衛は通称。豊臣秀吉に天下をとらせた戦国屈指の軍師の一人。黒田官兵衛とともに秀吉の「二兵衛」あるいは「両兵衛」ともいわれた。病弱だったためか実質的な活躍は意外に少ない。江戸時代に兵法家によって神格化されたため創作と思われるエピソードが多い。斎藤家の家臣だった時代に、稲葉山城《いなばやまじょう》を少人数で乗っとった逸話が残る。病に冒され、三木城攻めのさなかに力尽きる。享年36歳。

難攻不落の稲葉山城

秀吉に天下を獲らせた軍師として、黒田官兵衛と双璧をなすのが竹中半兵衛である。半兵衛は秀吉が大きく世に出るまでを支え、官兵衛は半兵衛亡き後、秀吉が天下を獲るまでを軍師として支えた。軍師の役割をリレーしたといっても良いかもしれない。

半兵衛は、数えの36歳という若さでの夭折だったが、日々全力を尽くして前向きに生きた。その前のめりの生き方は、現代に生きる我々にも大いに参考になるだろう。

人間はいつ死ぬかわからないが、短くとも昂然《こうぜん》と光を放った半兵衛の爽やかな生涯は、いつまでも日本人の心をとらえて離さない。だからこそ、今も人気があるし、伝説的な人物となっている。

半兵衛は秀吉を軍師としてよく助けた。『名将言行録』には、「敵を制すること神の如し」との記述がある。半兵衛の智謀はあたかも神のようであったというわけだ。秀吉は多くの軍功を上げたが、それは半兵衛の功績だったと記している。

さて、半兵衛の父・重元は美濃国（岐阜県）の戦国大名・斎藤道三に仕えていた。そして永禄年間のはじめごろに菩提山《ぼだいさん》に城を築き、六千貫文（三千貫文という説もある）を領していた。菩提山は岐阜県不破郡垂井《たるい》町にある標高425メートルの山である。

半兵衛は重元の長子で、幼いころから身体が弱く痩身であった。容姿は「状貌婦女《じょうぼうふじょ》如し」（『名将言行録』）といわれるほど優しく、色白で、女性のようだったという。

性格も温順で細かいことにこだわらない鷹揚《おうよう》な人物であったようだ。少年のころから読書が好きで、中国の張良や諸葛孔明、武教七書《ぶけいしちしょ》などの兵法書を読みふけって兵法を研究していたという。

半兵衛は戦にかけては実に沈着冷静な謀略を実行に移せる知勇兼備の知将であった。彼を一躍有名にしたのが、稲葉山城（岐阜城）乗っとりである。

稲葉山城は、織田信長も、その父の信秀も何度も攻めたが落とせなかった難攻不落の城である。なぜそんなに難しいのかと思い私は稲葉山城に登ったことがある。

現在は金華山ロープウェイで山頂付近にまで行けるため楽だが、戦国時代に徒歩で攻め登ろうとすると大変だったろうと思う。標高329メートルだが、徒歩で登ると普通の人で大体1時間ぐらいかかる。1567年（永禄十年）9月に、織田信長がようやく美濃を攻略し、この美濃国井ノ口を岐阜と改めるまでは、この城は稲葉山城と呼ばれた。他に、金華山城という呼び名もある。たおやかに滔々《とうとう》と流れる長良川の対岸から稲葉山を見ると、山全体が金の花のように見えることから、その名がついたという。

岐阜は、信長の知恵袋ともいうべき僧の沢彦《たくげん》の進言により、古代中国の周王朝の文王《ぶんのう》が岐山《きさん》によって天下を平定したのにちなみ城と町の名を「岐阜」と改めたという。

美濃を攻略した頃から、信長は本格的に天下統一を目指すようになり、「天下布武」の朱印を用いるようになったといわれている。

半兵衛、「逆命利君《ぎゃくめいりくん》」をなす

さて、城乗っ取りである。1564年（永禄七年）2月、その難攻不落の稲葉山城を斎藤家の家臣だった竹中半兵衛が一日にして攻略したという。このことは、『明叔録』の快川紹喜《かいせんじょうき》による禅昌寺《ぜんしょうじ》宛の書状や、『名将言行録』に載っている。

この事件は、さぞ織田信長や周辺の大名を驚かせたことだろう。また、この離れ業の稲葉山城攻略は、「美濃に半兵衛あり」と全国にその名を轟かせた。


さて、半兵衛が全国に知られるようになった稲葉山城乗っとりの事の顛末はこうだ。当時の美濃では、1556年4月に斎藤道三《さいとうどうさん》が嫡子の義龍《よしたつ》に討たれ、道三の娘婿である尾張の織田信長と抗争状態となっていた。

しかし、義龍は1561年5月に三五歳で急死。嫡子・龍興《たつおき》が家督を継いだ。このとき、1548年生まれの龍興は数えの一四歳だった。

龍興は、政務に関心を示さず、日根野備中守《ひねのびっちゅうのかみ》や斎藤飛騨守《ひだのかみ》などの一部の佞臣《ねいしん》だけを重用して、遊興に溺れ、有力家臣だった西美濃三人衆（安藤守就《あんどうもりなり》、稲葉良通《いなばよしみち》、氏家直元《うじいえなおもと》）や知略に優れた竹中半兵衛を重用していなかった。そのような状況だったので、斎藤家の家臣団の心は徐々に離れていった。

『名将言行録』などによれば、斎藤龍興は女性のような優しい容貌の半兵衛を侮り、家臣達までもが半兵衛を馬鹿にした振る舞いが多かったという。

あるとき、龍興の家臣が櫓《やぐら》の上から半兵衛に小便をひっかけて小馬鹿にしたことがあったが、半兵衛は何食わぬ顔で小便を拭いて、菩提山城に帰った。半兵衛とて悔しく激怒しただろうが、その家臣たちのバックには主君の龍興や側近の奸臣がついているので、その場は黙って忍耐したのだろう。

しかしながら半兵衛は、龍興を始めとする側近たちの横暴や度重なる無礼に、怒りを募らせていた。我慢できなくなった半兵衛は、これを懲らしめるべく妻の父、美濃北方城主・安藤守就《もりなり》に相談した。安藤はそれを聞き軽挙妄動を戒めたが、これを半兵衛は聞き流したという。

このまま手をこまねいて佞臣たちの側近政治を放置しておいては、人心は離れ美濃の国自体がおかしくなってしまう。主君と家臣の心が離れて、国がバラバラになれば、この戦国の世、いつ何時敵に攻め込まれるかもしれない。主君に目を覚ましてもらわなければならない。大義とは何か。半兵衛はそう思い、策を練ったに違いない。

きっと半兵衛は「逆命利君《ぎゃくめいりくん》」たらんとしたことだろう。これは、中国の古典『説苑《ぜいえん》』に出てくる言葉である。

「逆命利君、謂之忠」（命に逆らっても君を利す、之を忠と謂う）とある。「本当の忠義とは、上司や主君の命令、たとえ国家の命令であっても、それが主家のため国家のためにならなければ敢えて逆らうことあるべし」という意味である。

1564年（永禄7年）2月のことである。稲葉山城には人質として送っていた半兵衛の弟の久作《きゅうさく》（諱は重矩《しげのり》）がいた。このように、当時は有力家臣が人質を出すことは通例だった。半兵衛は久作と示し合わせ、彼に病と偽らせた。夕刻、頃合いを見計らった半兵衛は、弟の見舞いという名目で長持ち（和櫃《わびつ》の一種で、衣類や蒲団、調度品等を入れておく長方形をした蓋付きの大きな箱）に武具を隠して雑人にかつがせ、家臣十六人を引き連れて稲葉山城へと向かった。

門番が長持ちを不審に思って問いかけると、これは人々に振る舞うための酒食と説明し、咎められることなく城内に入った。半兵衛らは城内の一室で武具に身を固め、一気に奇襲を開始した。半兵衛はまず宿直の番将の斎藤飛騨守をまっぷたつに斬り伏せたという。大将を真っ先に叩くのが戦いの勝利の常道である。

その異変に気づいて駆けつけた番兵の多くを、半兵衛は十六人の家臣たちと一丸となって斬り捨て、稲葉山城を瞬く間に制圧。油断していた城兵は夜間ということもあって慌てふためき、龍興もなすすべもなく寝巻のまま城から脱出したという。

これを伝え聞いた織田信長は、「稲葉山城を明け渡すならば美濃半国を与えよう」と半兵衛に申し入れてきた。しかし半兵衛は「我は国土を他国人に引き渡すことは望むところに非ず。我は、主君の行動を諫めるために決行しただけであり、主君が反省すれば、城は本人に返すつもりだ」ときっぱり拒絶した。

野心のまったくないこの発言は、親子兄弟が血で血を争う下剋上の戦国の世にあって信長の意表を突く言葉だったろう。半兵衛はその言葉通り、後半年ほどして龍興に城を返した。

このエピソードは純粋に国のことを思う半兵衛の智謀とあわせて、武将・半兵衛の剛毅な実践者の面を表しているのではないだろうか。

「動機善なりや私心なかりしか」という京セラの稲盛和夫名誉会長の言葉があるが、半兵衛は、動機が善で、私心がなかったといえよう。半兵衛の無私の精神をよく表しているエピソードである。

同時に、「治国平天下」を目指して国を治める場合、「逆命利君」の人材登用が重要である。主君の龍興は、自分の耳に良いことばかりを入れてへつらうイエスマンばかりを集めて政治を行った。それが理由で人心を離反させ、国を危うくしていたので、半兵衛は警鐘を鳴らしたわけである。

これは企業の経営においてもマネジメントにおいても注意しなければならないことだ。私自身も経営者として、人材登用や人事評価において、実力主義にもとづく適材適所の公正な登用や評価をするということに留意した。特に、イエスマンばかりを登用していないか、好き嫌いで人を評価していないかなど、厳に注意した。

このことの重要性については、明治維新の激動を乗り越え、住友財閥の基礎を作った住友初代総理時事の広瀬宰平《ひろせさいへい》も同様に述べている。

広瀬は「逆命利君　謂之忠」を終生の座右の銘として、おべっか使いの社員を最も嫌ったという。広瀬は逆命利君の人材を広く登用して住友財閥を発展させた。彼が登用した逆命利君の人材は、伊庭貞剛《いばていごう》、塩野門之助《しおのもんのすけ》、阿部貞松などがいるが、彼らは、意見の相違からときには広瀬と衝突しながらも、別子銅山の近代化などをはじめ住友財閥の発展に大きく貢献した。

激動の世や乱世を乗り越えようと思ったら、リーダーは「逆命利君の人材登用」をすることが大切である。また、リーダーはそういう度量を持たなければならないという証拠でもある。まさに今も昔も変わらないといえよう。

さて、半兵衛のその後である。半兵衛は責任をとって、弟に家督を譲り、斎藤家を離れ、近江に隠棲《いんせい》した。先の件より半兵衛に目をつけていた織田信長は、半兵衛を家臣にしたいと考え、木下藤吉郎秀吉に半兵衛を説得するよう命じた。しかし、半兵衛は秀吉の度重なる誘いにも、なかなか首を縦に振らなかったという。

秀吉は「三顧の礼」を尽くして半兵衛を説得。ついに半兵衛は信長の家臣となり、秀吉に仕えた。半兵衛は秀吉の人物に何か感じるものがあったのだろう。重い腰を起こし、信長に、そして秀吉に尽くすことを決意した。

要害がいかように堅固であっても、人の心が一つでなければ、要害堅城も物の用をなさない。

——竹中半兵衛

半兵衛、官兵衛の誓約書を燃やす

『名将言行録』に半兵衛と官兵衛についての話が載っている。あるとき、官兵衛が知行《ちぎょう》(褒美としてもらう土地)を増やしてやるという秀吉の誓約書を見ては、不平不満を漏らしていた。「約束が実行されず、これは空証文だった」というのである。

官兵衛と仲が良かった半兵衛は、官兵衛に誓約書を見せてくれと言い、いきなりそれを黙って破り捨て、火鉢の火の中に投げ入れてしまった。官兵衛が大変驚いているので、半兵衛は諭した。

「こんな紙切れをいつまでも大事に持っているから知行のことばかりが気になって仕事に身が入らないのだ。奉公に一所懸命に励んでいさえすれば、知行の加増は自ずからついてくるものである」。

半兵衛の言葉に、官兵衛は心を入れ替え、その誓約書のことを忘れて、一心に精勤を励んだという。その結果、次第に出世していった。

官兵衛は1546年生まれなので、半兵衛の方が二歳年上である。先輩から後輩へのアドバイスといえようか。このエピソードは、現代にも当てはまる点が多いだろう。特に若い時などは、自分が働いている割に給料やボーナスが少ないとついつい不平をもらしがちなものだ。半兵衛ならばきっと先輩の立場から、「収入や地位は一所懸命に精勤、努力した後についてくるものだ、まず誰よりも努力せよ」とアドバイスするだろう。

努力は必ず報われる。
もし報われない努力があるのならば、
それはまだ努力と呼べない。

――王貞治

命をかけて官兵衛の嫡子を匿う

そのような忌憚なくいえる間柄で、半兵衛は官兵衛を信じていた。だからこそ、官兵衛が荒木村重に幽閉されて、裏切ったと信長が激怒したときも、半兵衛は命をかけて官兵衛の嫡子・松寿丸（のちの黒田長政）を匿ったのだろう。この幽閉事件については、黒田官兵衛のところで詳述したが、半兵衛の視点で簡単にまとめておこう。

信長の播磨（現在の兵庫県）の三木城攻めの際、信長についていたはずの有岡城の荒木村重が反旗を翻した。そこで官兵衛は村重を説得するためにたった一人で有岡城に乗り込んだが、そのまま土牢に幽閉されてしまう。

連絡が途絶えたまま戻ってこない官兵衛に、信長は「官兵衛は裏切ったのだ」と激怒。官兵衛の息子・松寿丸を殺せと秀吉に命じた。

困った秀吉は半兵衛に相談。半兵衛は「自分に一任あれ」と言い、松寿丸を殺したと偽って、密かに自分の居城に近い五明で匿った。この地は、現在の垂井町岩手の五明稲荷神社あたりだったようだ。

1579年10月19日、幽閉されてから約一年後、官兵衛は幽閉されていた有岡城から救助された。そのとき、てっきり殺されてしまったと思っていた息子の松寿丸は、半兵衛の計らいによって生きていた。それを知ったときの官兵衛の喜びと感謝は、計り知れなかっただろう。

しかし、松寿丸の命を救ってくれた半兵衛に、官兵衛が直接感謝を伝えることはできなかった。それは、半兵衛が三木城攻めの陣地ですでに亡くなっていたからだ。労咳（結核）が原因であった。官兵衛は、半兵衛の死を知ると、涙が止まらなかったという。

これは戦国の美談として語り継がれているが、半兵衛の信念を伺わせるものとして、また、美しい生き方として感動を与える。

さて、このようなケースに遭遇したときに、我々は半兵衛のような行動がとれるだろうか。私には明確な自信が持てない。それだけに、半兵衛の勇気、信念、その人生哲学には感嘆せざるをえない。

こっそり匿っていることがもし、ワンマンの権力者である主君・信長に知れれば、半兵衛の命は当然なかっただろう。それにも関わらず、主君に背く危険な行動を選択した。

このことは、友情と同時に、やはり「逆命利君」の哲学があったのではないだろうか。主君の命には背くが、もし官兵衛が裏切っていない場合、主君の面目はどうなるであろうか。また、官兵衛の心を失えば、今後の中国攻めにも大きなマイナスを与えるであろう。

一時的には主君の命に背くが、官兵衛は裏切らないと信じているので、松寿丸を守ることこそ、真に主君への忠と考えたのではないだろうか。

この半兵衛のエピソードには、真の「忠」というものを深く考えさせられる。現代でも企業のガバナンスやコンプライアンス、真の企業への忠誠心とは何かを考える際に、半兵衛のこの対応はヒントになるのではないだろうか。

現代でも圧倒的なワンマンの会社で不祥事が起こったりしている。現代は企業やステークホルダーに対する真の「忠」をより考えなければならない時代に入っているといえよう。また、上司やリーダーとしても、同僚や部下をどんな状況になっても信じることとの大切さを示している。人生にこのような場面はそうないかも知れないが、もしこのような場面に遭遇したら、半兵衛と官兵衛のこのエピソードを思い出して、自分の判断の参考にされてはいかがだろうか。

命に逆らっても君を利す、之を忠と謂う

『説苑』

本当の忠義とは、上司や主君の命令、たとえ国家の命令であっても、それが主家のため国家のためにならなければ、敢えて逆らうことあるべし。

常在戦場の半兵衛の姿勢

半兵衛の人生や仕事に対する姿勢が表れているエピソードがある。

まずひとつが、半兵衛は手や足をブラブラさせるクセがあったという。あるとき、有力武将や客人の前でもそのクセを直そうとはしないため、それを非礼と見とがめたとある武将が「無礼であろう」と怒ったが、半兵衛は平然と、次のように答えたという。

「これは、いつ敵に襲われてもすぐに身動きがとれるように備えているのでござる。いざという瞬間に手足がなまったり、しびれていて行動が遅かったりすれば、それだけで一大事になり申す。その一瞬の差が勝敗をわけるのでござる」。

ときは戦国である。いつ敵に襲われてもすぐに身動きがとれるようにしておくのが武将の心得だった。これは、大げさではなく、いつ寝首をかかれるか、実際にいつ誰に攻め込まれてもおかしくはない時代だった。その怒っていた武将も半兵衛の答えを聞き、「さすがは半兵衛殿、武士はかくあるべし」と納得したということである。

また、こんな話もある。ある日、半兵衛らが戦の話をしているとき、同席していた半兵衛の嫡子・重門《しげかど》が厠《かわや》に立とうとした。これを見た半兵衛は激怒した。

たという。

「尿《いばり》をしたければここでたれよ。今は国の大事である戦話をしている席であるぞ」と怒ったという。

大事な席で厠に立つとは何事か、真剣な話をしているときに不謹慎だ。それくらいならここで尿を漏らした方がよほど皆の者に己の真剣さが伝わるだろう。その方が竹中の家の者らしい。もっと緊張感を持て、と嫡男に諭したわけである。

他にも、こんな馬についてのエピソードもある。

「金十両で馬を買おうとした場合、その半分の五両の馬を買うべきだ」と半兵衛が秀吉に諭したというのである。自分の身に余る馬を買うと、戦場でいざというときに、馬が惜しくてとっさに行動できないからだというわけだ。

「こんな名馬はもう手に入らないかも」という思いがいささかでも先に立つと、いざというときに馬を飛び降りて敵を追うこともできない。そうすると勝機をのがしてしまう。だから、武士は惜しげもなく五両の馬を乗り回し、戦いの好機には逡巡することなく打ち捨てるのがいい。そして、「残った五両でまた馬を買えば良いでござる」と半兵衛は言ったという。物にこだわることの非合理性と何よりも勝機を大切に考える半兵衛らしいエピソードといえよう。

物事が成るかどうかは、一寸のタイミングの差で決まることが多い。

何よりも勝機が大切である。半兵衛はそのことがわかっていたので、いざという時のために、常日頃からそのような訓練をしていたのだろう。現代の我々も大いに範として見習うべきではないだろうか。

チャンスは周到な準備をした者だけにやってくる。

ニュートリノの観測に成功し、ノーベル物理学賞を受賞した。

――小柴昌俊

生きた分析力の大切さ

半兵衛は秀吉の軍師となって以降、堀次郎などの浅井側の有力武将を調略して次々と寝返らせ、秀吉の信頼をますます勝ち取るようになっていった。

1570年、織田信長軍は浅井・朝倉の連合軍を姉川の合戦で打ち破った。その後、秀吉は横山城に拠って小谷城の浅井勢と対峙していたが、あるとき浅井勢が大軍を引き連れ城を出た。

秀吉は「浅井勢は横山城を挟撃しようとしているに違いない」と判断し、迎撃の命を出そうと考えた。しかし、出撃しようとする秀吉を、半兵衛はおしとどめた。

「後背地を占拠し挟撃しようというのは虚策でござる。あれは我々をおびき出そうとして、いざとなれば攻めかかってくるつもりでござりまする。実策は、当方を出撃させて叩き、少しずつ戦力をそぎ落とすことに他なりません。今は城内の備えを固め堅くして誘いに乗らないことが肝要でござる。そうして、逆に相手に攻め寄せさせるのが上策でござりまする」。

秀吉は半兵衛に従い、味方を一歩も出さないようにして弓も鉄砲も打つことを禁じたという。それを見た浅井勢はこれを侮って近づいてきた。

引きつけて、充分近づいたところで半兵衛は射撃を命じた。そして一進一退が続き、あたりが暗くなって敵が引き上げようとしたその時、一気に攻めかかった。浅井勢はたまらず敗走していったという。

故にこれを策《はか》りて得失の計を知る

——『孫子』

敵がどのような意図を持っているのか、見抜くようにする。

いう。

第三者の意見を用い、反感を持つ人間を動かす

また、半兵衛は自分の戦況分析にしたがって、独断で陣立てを変更することもあったという。

しかし、中にはその半兵衛のこのやり方を快く思わない者もいた。「今回は半兵衛が陣替えを指示してきてもわしは従わぬ。すべてを掌握したかのような態度は不快である」と不平を述べていたその武将は、半兵衛が視察に来た際、「顔も向けず目も合わさず」という態度をとったという。

当の半兵衛は一向に意に介さず「お布陣の場所、勇みだったお旗色、見事なもの。秀吉殿も感服なさっておられまする」と、感心したように言う。

その言に思わず半兵衛の方に顔を向けたその時を逃さず、半兵衛は笑みを交えた視線を合わせ、「秀吉殿の仰せでは、足軽の備えなど、もう少し変えたならばさらによくなるであろうとのこと」とさらに言葉を重ねた。

秀吉の言として意見を出され、視線を無視できない状況に、武将は秀吉の意見ではなく半兵衛の意見であることはわかっていても「ごもっともな仰せ」と陣替えを承諾せざるを得なかったという。

同時に、その武将の反感を買うのではなく、「さすがに、竹中半兵衛、断ることが出来ぬよう仕掛けてくるわい」と感服させてしまったという。

現代でも、反感を持たれずにどのように意見を通すかということの、一つの参考になるのではないだろうか。自分の意見を通す際に、第三者の視点から意見を述べることは、有効な方法である。

陣中で死ぬことこそ武士の本望

竹中半兵衛

病の半兵衛に対し、京都で静養するように勧めた秀吉に言った言葉。

CHAPTER

3

小早川隆景

Thoughtful Ideas

What Every Business
can Learn from
Strategists in History.

小早川隆景

1533―1597

日先の利益でなく
長期的な視野で考える

中国地方の武将・毛利元就《もとなり》の三男。毛利分家の小早川家を継いだ。長兄の隆元《たかもと》が急逝し甥の輝元が毛利本家を継ぐと、次兄の吉川元春とともに毛利宗家を支えた。いわゆる「毛利両川」のひとりで、「攻めの元春」に対して「守りの隆景」ともいわれた。厳島の戦いでは水軍を率いて活躍。豊臣秀吉に重用され、文禄年間には五大老に名を連ねた。文禄の役のあと、秀吉の義理の甥・金吾秀秋《ひであき》を養子に迎え、隠居。1597年（慶長二年）に病死。享年六五歳。

三本の矢の教え

隆景は大国の毛利家を守った軍師・戦略家であり、また行政能力も非常に高かった。実際の軍師としては、黒田官兵衛に勝るとも劣らない名軍師だったといえよう。また、意外と知られていないのが、隆景が豊臣政権の五大老として位置づけられたことではないだろうか。

秀吉によって、筑前国《ちくぜんのくに》（福岡県）など37万石に封ぜられ、官位は従三位権中納言に昇った。名島城《なじまじょう》（福岡県福岡市）を居城とし、隠居後は備後国三原城《みはらじょう》（広島県三原市）に住んだ。

さて、小早川隆景は、「毛利元就の三本の矢の教え」でも有名である。これは１５５７年（弘治三年）に三人の子（毛利隆元・吉川《きっかわ》元春・小早川隆景）に書いた『三子教訓状』がもととなった文書である。

これは、元就が死に際に子どもたちを呼び集めて「一本の矢では簡単に折れるが、多くの矢を束ねると簡単に折れることはない。三人がよく心を一つにすれば毛利家が破られることはない」と遺言したものだ。

ちなみに、毛利家の家紋は下の「一文字三つ星」で、バランスの取れた三つの丸の上に、一の文字がデザインされた紋である。頂点の丸である毛利宗家を下の二つの丸の吉川家と小早川家で支え、三人が心を一つにすれば、毛利家は揺らぐことなく安泰であるという意にも読める。この家紋を見ながら毛利家の歴史と元就の「三本の矢の教え」を

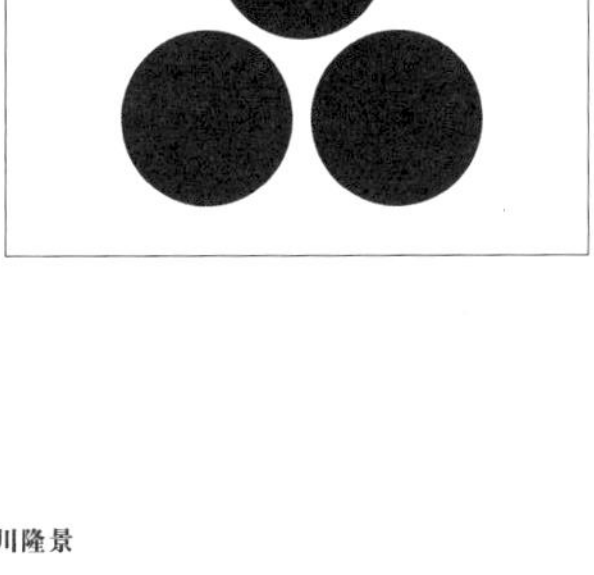

思い、事あるごとに一族の結束を確認しあったのではないだろうか。

百万一心《ひゃくまんいっしん》

——毛利元就

「百万」の文字は分解すると「一日一力」になる。
日々皆が力を合わせ、心をひとつにして事にあたる重要さを説いた。

成果を出すための観察力

軍師も時代の子である以上、仕えた主君と自分の哲学、地勢や様々な力学、力関係によっても制約を受ける。その中で、隆景はどのように成果を発揮したのだろうか。

『名将言行録』（岡谷繁実《おかのやしげざね》著）を「小早川隆景」の項を参考にしながらみてみたい。本書は史実的に見て一級資料とはいえない点もあるが、参考になる点も多々ある書である。『名将言行録』は現在、国立国会図書館のデジタル化資料となっていて、誰でもいつでも閲覧できるようになっている。これにまず「大内氏滅亡の予言」をしたエピソードが載っている。当時の大内氏は、周防・長門・石見・安芸・豊前・筑前の守護職を務めた大大名で、大内義隆の官位は、従二位だった。そのエピソードを現代語に訳すと次の通りである。

隆景は幼名を徳壽《とくじ》といい、幼くして聡敏さは他を絶していた。１５４６年、十三歳で人質として大内氏に行き、三年を過ごして、十九歳の１５４９年に帰ってきた。その際に父元就にひそかに次のように報告した。

「大内氏は必ず滅亡するでしょう」

「ほう、それは何故じゃ」

「はい。なぜなら大内義隆の驕奢《きょうしゃ》は度を外れていて、政治を自ら行っていないからです。重臣の陶晴賢《すえはるかた》は諫言《かんげん》（目上の人に忠告すること）を何度も行いましたが、やがて義隆の意に反するようになりました。それに乗じて相良武任《さがらたけとう》は義隆に阿諛迎合《あゆげいごう》して、晴賢を讒言《ざんげん》（事実を曲げて目上の人に悪く言うこと）しました。そのため、群臣はみな義隆を嫌い、武任を憎み、晴賢に心を寄せる者が多くなっております。晴賢が挙兵するのは時間の問題ではないでしょうか」。

元就はこれを聞いてうなずいたが、その後ほどなくして、隆景の言葉の通りになった。

原文は「幾程なく」となっているが、史実としては、十二年後の１５５１年に、大内氏は衰退・滅亡した。いずこも内部から崩壊するという証左である。大国をリードするリーダーはどうあるべきかを隆景は見抜いた。衰退・滅亡の原因は次のようにまとめられる。

①過度の驕奢
②政治（経営）を人任せにし、自ら行わないこと
③諫言に耳を傾けないこと
④政治（経営）において、好き嫌いで判断すること
⑤主君が人望を失し、家臣の心が離反していること
⑥阿諛迎合を喜ぶこと
⑦讒言を見抜けないこと
⑧上下一体となっていない（上下のベクトルが統一されていない）こと

これらのことは、現代の企業に置き換えても同様ではないだろうか。

信言は美ならず、美言は信ならず

――『老子』

信頼に足る言葉には飾り気がなく、飾り気のある言葉は信頼するに足りない。

戦いにおける大義の大切さ

陶晴賢が主君の大内義隆を滅ぼし、元就をも攻撃しようとしてきた。元就は義隆のために晴賢を討ちたいと思うものの、寡は衆に敵し難し（少数で多数に勝つのは難しい）、どうしたものかと詮議していたところ、隆景が進み出て進言したという。

当時、陶晴賢の動員できる人数は三万、毛利元就は四～五千だった。

「個人的な遺恨や感情で軍を動かすべきではありません。つまるところ、勅命を以て逆賊を誅するのが一番良いと存じます。軍の勝敗は勢力の多少ではなく、義か不義かでもって論じるべきです。義をもって不義を討つのに、どうして少数だからといって勝てないことがあるでしょうか」。

いずれの者も、なるほどその通りだと感じ入り、1553年（天文二二年）香川光景《みつかげ》を京に使者として勅命を請い受け、ついには晴賢を討ち滅ぼしたのである。香川光景の子供の香川春継《はるつぐ》は後に、吉川家の家老職となっている。

このエピソードで隆景は「大義」の大切さを述べ、毛利家の正しい意思決定に貢献している。衆議が紛糾しているときに、この一言は、千金の重みがあったといえるだろう。

もし「亡き主君大内義隆のために」という大義を立てなければ、他の国人領主などの多くの協力者を得られなかったはずである。その意味で、この隆景の一言は、毛利家にとって武運を拓く契機となる大きな仕事をしたといえる。

大義があるなら、なりふり構わずやれ。

——孫正義

先を読む思慮深さ

秀吉に天下を獲らせた軍師といわれているのは黒田官兵衛である。しかしその一方で、小早川隆景がいなかったら、中国大返しはできず、秀吉は天下を獲れなかったかもしれない。その経緯を『名将言行録』をもとにしながら見てみよう。

1582年（天正十年）、織田信長は秀吉に備中（現在の岡山県西部）へ攻め入らせ、備中高松城を攻撃させた。毛利輝元、吉川元春、小早川隆景は四万騎を率いてこれの支援に赴いた。

信長の軍勢は、さらに雲霞《うんか》のごとく攻め下ってくるとの風聞もあり、毛利方の重臣衆が協議し、備中・備後・伯耆《ほうき》の三カ国を信長に譲り渡して和睦を結ぶことと決した。そこで、秀吉のもとに使いを立て、長く両家の好誼《こうぎ》（心のこもった付き合い）を結ぶことをたびたび申し送ったという。

このような折り、6月3日夜から4日未明にかけて、明智光秀により信長が討たれたことが秀吉の陣に伝わった。光秀が毛利氏に向けて送った密使を捕縛したためだったといわれている。

このとき、秀吉はそのことを秘して、毛利との和睦の交渉を電撃的に成立させたことになっている。しかし、この一般的に言われている通説と違い『名将言行録』では、秀吉はこのことを包み隠さず、毛利の使いに対して述べたという。あり得ない話ではないので、紹介してみよう。

「織田の殿はすでに逆臣・明智光秀のためにお亡くなりになった。このようになってもなお、輝元殿は当初の通りに秀吉と好誼を結ぼうと考えられるだろうか。今、こうなってしまっては、話が変わることもあろう。その方はすみやかに帰ってこのことを伝え、主君の考えを急ぎ聞いてまいれ。その上でこちらも返答することとする」といって秀吉は、毛利の使者を返した。

使者からこの報告を受け、輝元は諸将を集めて協議した。諸将は次のようにいった。

「当家は信長に対して和睦を申し入れたのであって、秀吉に対して申し入れたわけではない。信長が討ち死にしたことは当家にとっては幸いであり、まずは一度本国に引き返し、世の成り行きを見るべきである」。

隆景はこれを聞いて、自分の考えは各々の衆とは違うといって、話しはじめた。

「そもそも本朝の兵乱が続くこと百余年、天下の乱も極った。世が再び泰平に帰すべきときも近づきつつある。このときにあたって、自然天下の権を握り、国内の乱を払う人物とは誰であろうか。ここのところの秀吉の振る舞いを伝え聞くに、それはおそらくこの人ではないのか。そうであれば、この度信長が死んだことは、秀吉にとって深い禍《わざわい》に似ているようであるが、実は天下が秀吉に帰する時がすでに至ったのではないかともいえる」。

隆景は続けた。

「秀吉の振る舞いを多く論ずる必要もない。どのようにしても、いま両家の和睦がすでに成立しようというときにおいて、通常であれば、信長の死を深く隠して、和睦の後にその事を明かしそうなものだ。しかし、このように率直に申し伝えてくるとは、甚だもって不敵である。しかるに、当初の和睦の条件をとり下げて、秀吉と仲違いした場合には、長く毛利家に恨みを残し、当家はいずれ秀吉によって滅ぼされることになろう。それよりも、予定通りこのまま和睦を行い、秀吉とともに前途の繁栄を期すべきである」。

19歳の毛利家当主の輝元は叔父のこの言を容れ、福原広俊を秀吉の陣に行かせて信長の死を弔うとともに、和睦を変更する気はないことを伝えた。あわせて、輝元をはじめ一族の者たちの起請文《きしょうもん》を送った。これに秀吉は大いに喜び、この好誼は長く変じるものにあらずとして、秀吉も自分の起請文を送り返した。

そして、逆臣を速やかに討つべしと、秀吉は翌6日、備中を立ち退いて都に赴いた。輝元は秀吉に助勢して、叔父の小早川秀包《ひでかね》と桂民部大輔広繁《かつらみんぶたいふひろしげ》を人質に差し出した。そして秀吉側からは毛利重政・高政兄弟が人質として差し出された。ほどなく明智は滅び、天下が秀吉に帰したことは、隆景の予測したことと少しも違うところがなかったという。

以上が、『名将言行録』の内容である。

通説では、信長の悲報を知った秀吉は、情報が漏洩しないよう毛利側への路を遮断。緘《かん》口令《こうれい》（他言を禁止する令）をしいて毛利側に信長の死を秘したまま、講和を持ちかけた。信長の死を知らない毛利側は、戦局が不利であったことや、増援の明智・信長軍が到着するのを恐れていたため、講和に応じたとされている。また、実際に毛利側が信長の死を知ったのが、4日夕刻のことで僅かの差で講和が成立したとされている。

『陰徳太平記《いんとくたいへいき》』によれば、「毛利両川」のもうひとりである吉川元春などが秀吉軍追撃を主張したが、小早川隆景が反対。

「いったん和睦しようと起請文をもって約盟したのに、血墨のいまだ乾かぬうちに、敵の災いに乗じて約束を破ることは、大将たる者の恥であって、すべきことではない」と意見した。また、領国防衛を第一としていたため、追撃しなかったともいう。

名将言行録と通説ではこのように内容が違っているが、いずれにしろ毛利ではこれに近い話は行われたであろうし、隆景の人柄や考え方がよく表れているといえよう。この背景には、十九歳の当主、輝元が天下を狙える器量かどうかという隆景の判断もあったろう。もし『名将言行録』のようであれば、このことによって、毛利家は秀吉に恩を売ったといえる。また、隆景は二十旗の毛利家の旗も秀吉軍に貸し与えたという。この隆景への恩があるからこそ、隆景を豊臣政権の五大老の一人としたのだといえるかもしれない。

さて、ここで隆景が毛利家の旗を貸したことは、毛利の影響が強い岡山から畿内に向かう際のいわば通行手形のようになり、中国大返しの応援となった。さらには、明智光秀との山崎の戦いでは、毛利までが秀吉に味方しているのかと明智軍を動揺させ、これが明智敗走の大きな要因の一つになったともいわれている。

このエピソードは、隆景の先を見通す先見力と秀吉の器量を見抜く洞察眼、的確な判断力を示しているといえよう。

本当に大切なのは、知識を丸暗記したり教えられたとおりのことを答案に書くことではない。先を見る洞察力だ。

――ビル・ゲイツ

難攻不落の小田原城攻め

『名将言行録』では小田原攻めについて次のように書かれている。

秀吉が小田原城を攻めて数カ月をしても、城は落ちなかった。そこで秀吉は、清洲城の留守居役《るすいやく》にしていた隆景を小田原に呼び寄せて、次のようにいった。

「小田原城は近日中に落ちる様子もなく、長陣に将兵は疲労している。そこで、石垣山の砦に秀次を置いて、御辺《ごへん》（あなた）を補佐とし、大方のことは徳川殿を頼み、自分は一、二ヵ月ほど帰京して政務を処理して、それからまた戻ってこようかと思う」。

これを聞いた隆景は次のように言葉を返したという。

「この度の長陣はご武運にかない、ご勝利の根本ともなっているように存じます。いま少しここにご逗留《とうりゅう》なされるべきです。まず城攻めを休めて、弓鉄砲を鎮め、包囲の陣を丁寧にしいておいて、夜討ちの用心を堅固にしておきます。味方の者たちに、長陣の戦いになるという覚悟を決めさせて、敵方にも、こちらが長陣にするつもりであることを悟るようにさせるのです」。

隆景は続けた。

「その上で、こちらは長期戦で疲れぬように、陣内で今様を謡わせ、舞を興業させるなどして、ますます敵に長期戦に構えていることを知らしめるのです」。

秀吉は、我が意を得たりというような笑みを浮かべながら、次のように尋ねた。

「御辺の申されること、実に感服した、亡きお父上も、このような手段で勝利を得られたことがおありか」。

「父元就の代にも、品は変われど、幾度もこのような手を用いました」と隆景は答えた。

秀吉は長陣の支度をすでに整えてはいた。それに加え、隆景の言葉に従い陣中で今様や舞を興業させた。そのようにすると、さすがに風流な上方勢であるので、それぞれ今様を作り、謡い、各々の陣で、思い思いの興業を行い、いずれも長陣の憂さを忘れて楽しんだ。

その後、時機を見て隆景は秀吉に次のように具申した。

「東国のことですので、徳川殿とご相談されて、城中に御計策をしかけるべきです。時節がいよいよ到来いたしました」。

秀吉はその言葉にしたがい、黒田官兵衛を使者として北条氏政、氏直父子に講和を説得させ、間もなくして小田原は城を開いた。果たして、隆景が図った通りになったのだった。

何事もタイミングである。潮の満ち引きがあるように、時を得なければ、効果は少ない。そのことをこの隆景のエピソードは示しているといえよう。余談だが、その際、感謝の印として、氏直から北条家の家宝の名刀「日光一文字」が如水に贈られている。

凡そ用兵の法は、
国を全うするを上と為し、国を破るはこれに次ぐ。

『孫子』


戦争における最善のやり方は、敵国を無傷のまま手に入れることである。

敵国を打ち破るのは、次善の策にすぎない。

守りと事業承継

『名将言行録』によれば、毛利輝元に世継ぎがまだなかったときのこと、黒田官兵衛と生駒親正《いこまちかまさ》の二人は毛利家と親しくしていたという。そのため、黒田官兵衛は毛利家の世継ぎについて心配していた。秀吉にお願いして金吾秀秋を養子にして家を継がせれば毛利の家のためにも良いのではないだろうかと思い、官兵衛が生駒親正に話をしたところ、もっともだということになった。

そこで、まず隆景のもとに来てこの旨を述べたが、これを聞いて隆景は、それが実現したなら毛利家にとっては幸いなことでしょうとのみ答えて帰った。

しかし、隆景はすばやく思案し、急ぎ秀吉の側近の施薬院全宗《やくいんぜんそう》のもとを訪ね、隆景が自分の養子に秀秋を内々望んでいるということを、物語のついでに秀吉の耳に入れてほしいと強く頼んだ。

これ聞いた秀吉は喜び、それは秀秋には幸せなことである、そうなれば良き親を持つことになるといったようだ。これを隆景は伝え聞いて、奉行を通じて正式に上申した。

「自分に筑前の国を賜ったのみならず、その上、肥前の内の二郡と筑後の二郡まで賜りましたこと、誠にご厚恩に存じております。我が身は既に歳も重ねておりますし、人の命というものも定めなきものでございます。そのため、ただ今にも自分が死ねば、せっかく拝領の国にも主人がなく、隆景は自分の死後の仕置きもしていなかったと天下のもの笑いになるのも無念なことでございます。藤四郎秀包《ひでかね》は、はじめは某《それがし》の養子でございましたが、これは筑後で領地を賜って、別にご奉公を勤めていることでもあり、すでに一家を立てさせていただいております。金吾秀秋殿を養子に賜れば、養子として我が領国を譲り、自分は中国の中に隠居して心安く余生を送りたいと願っております」。

これを聞いた秀吉は大いに喜び、秀秋を養子に賜ったのだった。

これより以前に、輝元が「宮松丸を養子に定めること」を秀吉に報告しようと相談してきた際、「今少し待ちましょう」と隆景が猶予を求めた真意はここにあった。秀秋がいまだ片づかないうちに輝元が養子のことを申し出たときに、もし秀吉が秀秋を養子にやると言えば、秀吉の命に背くことはできない。そうなれば、毛利家が他姓の者に奪われてしまうと危惧し、まず秀秋を隆景が自分の養子に貰い受けたのである。その後は安心し、二カ月ばかり過ぎて、従兄弟の穂井田宮松丸を輝元の養嗣子にすることを願ったところ、何の差し障りもなく、許容されたという。

隆景が秀秋を養子にしたことを安国寺恵瓊《えけい》が聞き、次のように言った。

「御養子縁組がご無事におすみなられましたこと、誠にお目出度う存じます。しかしながら、これはあなた様ご一代のお過《あやま》ちかと思います。なぜなら、ご養子を取るにしても、多くの御一族の中から国を治める器量のある人物を選んで養子になされば、後々の世まで、筑前は中国と同じく毛利家の御分国になりますのに、他姓の金吾殿を養子として国を譲られることは、筑前の国を召し上げられたのと同様ではありませんか。あなた様を殿下は格別に敬愛しておられるので、もう一カ国をご加増されてもおかしくないと存じます。そのようにしてこそ、毛利の国もますます広くなりますのに、今回の儀は大変なお考え違いであると私は存じます」。

隆景はこれを聞いて、西堂（恵瓊殿）には左様に思われますか、私の考え方とは反対でございますと答えて、次のように述べた。

「私が普段から気遣っていることは、毛利家の分国八カ国にて、その上に筑前を我らが拝領して九カ国ともなれば、毛利家には甚だ国が多過ぎるかと存じ、かえって毛利家にとって禍になってしまうのではないかと心配しているのです。それゆえに、我が国を毛利の子孫に譲らずに、秀秋に譲るのです。国をとるにも子孫がなくてはとられぬものです。私には子供がいないのに、何を理由として国を望みましょうや。子孫もいないのに欲深になるのは身の禍となりましょう。私は年寄りですので、やがて死ぬでしょう。私が死んだ後の毛利家のことを、ただ今申し上げたように心配しているのです。穂井田元清《ほいだもときよ》が長命なら、お家長久への計画を立てても致しましょうが、病気がちであれば、あてにすることもできません。家を継ぐ子供もいないのに決して国を望む心があってはならないのです」。

安国寺はこれを聞いて感服し、また、思慮の足らないことを言って面目を失ったが、後学のために良きことを聞いたといって帰ったという。

世間の人は皆、隆景が毛利宗家の禍を自らが代わって引き受けたことを悲しんだという。しかし、毛利宗家を守ろうとする隆景の一途な思いと深謀遠慮（将来のことまで考えて周到にはかりごとを立てること）には、「三本の矢」を常に実践しようとする隆景の心を見て、深い感銘を覚えるのである。

おまえさんな
いま一体何が一番欲しい。あれもこれもじゃだめだよ。
いのちがけでほしいものを
ただ一ッに的をしぼって言ってみな。

――相田みつを

思慮を尽くす「鈍」の思考

隆景はかつて、黒田官兵衛に対し、次のように語ったことがあった。

「貴殿は事を決断して、あとで悔まれることがあるでしょう。なぜならば、貴殿の才知は甚だ敏にして、一を聞いて二も十も知るほどに聡明です。人の話を聞くなり即時に決断なさること、まるで水が高きから低きに流れるようです。そのため、十分に思慮を尽くさないで決断したり、事によっては貴殿の本意でないこともあって、後悔されることもあるでしょう」。

隆景は続ける。

「私の才は甚だ鈍いがゆえに、人の話を聞いてすぐに是非を決することが難しいため、心を尽くしてじっくりと思案してようやくその是非をわかることになります。ですので、毎回十分の思慮を尽くしており、既に決断したことについては、是も非も自分の心にあるところをことごとく尽くしているので、後悔することが少ないのです」。

隆景はこうも言っていたという。

「官兵衛の智恵は大変鋭敏で、造作なくものごとの是非を決する様子は、まるで切れる刀で竹を二つに割るようだ。天下に及ぶ者はないだろう。しかしながら、ただ才覚武略の誉れはあるが、思慮の誉れはない。自分は官兵衛の才知には遙かに劣る。官兵衛が思慮せずして即時に決断することを、自分はくり返しくり返し思案して、ようやく官兵衛の即時の智恵に及ぶ程度だ。しかしながら、世間の人が自分のことを思慮深いと評するのは、才知が鈍なので、即座に決断することができずに思案を好むからであろう」と。

この話からは、カミソリのように切れる軍師・官兵衛と、いわば鉈《なた》のような軍師・隆景の違いがよく表れているといえよう。

また、あるとき官兵衛の嫡男の黒田長政が、隆景に向かい、分別とはどのようにすれば良いでしょうかと質問した。隆景はこう答えた。

「別に子細などはありません。ただ長く思案して遅く決断するのが良いと思うのです」。

長政はさらに「分別するのに肝要のことというのはありますか」と尋ねた。

「分別の肝要は仁愛です。万事を決断するのに、仁愛をもとに分別すれば、万一思慮が外れてもそう大きくは間違いません。しかし、仁愛なき分別はいかに才知が巧みであっても、みな道理から外れて間違っているものです」と隆景は答えたという。

隆景は当初「堪忍」の二字を書いて壁に掛けていたが、後には「思案」の二字に書き替えられたという。我慢するより、思案してその原因を解決することがより重要だと思うようになったからであろう。このことは、成果を出すために、沈断謀慮の「思案」と「仁愛」と「謙虚」の大切さを意味しているといえよう。

意見をしてただちに請け負う者に、その意見を保つ者なし。合点できぬことは何度も聞き返すものこそ、真の理解者なり。

——小早川隆景

常に門に礫の木がある

隆景は三箇条の遺言を残した。

第一条はこうである。

「天下が乱れても、輝元は差し出て軍事に関与してはならない。ただ自分の領国を固く守って失わない謀《はかりごと》をするべきである。何となれば、輝元には天下を保つべき器量がない。もし身のほどをわきまえず、天下の争乱の謀に加わるか、自分の領国の外への野望を抱くなら、必ず自分の持っている領国を失い、その身も危うくなるであろう」。

第二条は次の通りである。

「安国寺恵瓊という僧は非常にずる賢い邪《よこしま》な大佞人で、人の国家をも覆す者だ。彼の謀にくみすれば国家を失うことになる。必ず用心して、恵瓊に欺かれてはならない」。

第三は「毛利輝元の領内の港に九州の大名から、屋敷を建て茶屋などを作って、京都との往復の際の休憩所にしたいと言って、宅地を所望してくることがあるだろう。しかし、これは中国をうかがい、兵を入れるための口実となり、毛利家の禍となる。絶対に宅地を貸してはならない」。

ところが、輝元はこの遺言を忘れ、安国寺恵瓊の勧めにのって関ヶ原の戦いで石田三成に味方し、領土を削られる恥辱にあうこととなった。隆景の遺言は少しも違わなかった。

他方、隆景は常に次のように言っていたという。

「人たる者はいつも普段から門に磔《はりつけ》の木、磔柱《はりつけばしら》があると心得よ。なにごとによらず、その所作や行跡に怠りがあれば、この磔柱にかけられると思って、決して油断してはならない」と。私自身も隆景のこの言葉に接するたびに、彼の真剣な生き方に身の引き締まる思いがする。

一方、隆景は常々人の意見をよく用いたという。家臣の武士はもちろんのこと、下々の者であってもその者の詳しいことについてはよく尋ね、良い意見であればこれを取り上げて実行した。しかも、これは誰々という者がいったのでこのようにする、というようにしてほめていた。そのため、人々は進んで隆景に献言したという。

自分の心に合うことは、皆、体の毒になると思え。
自分の心に逆らうことは、皆、薬になると思え。

――小早川隆景

CHAPTER

4

直江兼続

A Deep Affection

What Every Business
can Learn from
Strategists in History.

義を重んじ率先垂範する

直江兼続

1560－1619

直江兼続《かねつぐ》は、上杉謙信の後継者、上杉景勝を生涯支えた名補佐役で名軍師。謙信の死後に起きた家督相続争い（御館《おたて》の乱）では、景勝の擁立に貢献。豊臣秀吉から引き抜きの誘いを受けるほど才覚に優れ、景勝の懐刀《ふところがたな》としてその名を知らしめた。関ヶ原の合戦直前に徳川家康の詰問に対し、世にいう「直江状」で正々堂々と反論。関ヶ原の戦い後に減俸された主家のため、新田開発などに尽力し国力を高めた。享年六〇歳。

「愛」の兜の「天下の三陪臣」

大きな「愛」の文字が金属で象《かたど》られた直江兼続の兜は異彩を放っている。戦国の世とは相いれず、現代人に不思議な驚きと共感を与えているといっても良いかもしれない。この「愛」の文字を兜のシンボルにしたということは、直江兼続の生き方の哲学が強く表れているといえよう。

まず一つは、武士、武将であるので、軍神の加護を願って、愛染明王《あいぜんみょうおう》ないし愛宕権現《あたごごんげん》

（愛宕勝軍地蔵）の「愛」の意味が込められていると考えられる。

同時に、兼続は国を愛し、人を愛するという「愛」の意味も込めていたといえよう。広く深い人間愛、私心のない博愛の心である。それは、直江兼続の生涯、生き方を見てみると、そう思えるのである。

才気煥発だった兼続は、上杉謙信の姉で主君・長尾政景の正室の仙桃院《せんとういん》の目にとまり、数えの5歳のときに景勝の近習に取り立てられたという。このとき、景勝、10歳。この主従関係は、1619年に兼続が数えの60歳で亡くなるまで続く。55年の長きにわたる主従関係であり、兼続は死ぬまで景勝を支え続けた。きっと互いに心底打ち明けて親しくする、兄弟以上の関係だったに違いない。

『名将言行録』には秀吉が「陪臣《ばいしん》にて直江山城、小早川左衛門、堀監物などは天下の仕置きするとも、仕兼間敷者《しかねまじきもの》なりと、称誉《しょうよ》せらりけり」と言ったという。多くの大名の家臣の中で、天下の政治を行うことができるのは、直江兼続、小早川隆景、堀監物ぐらいだと称賛したわけである。いわゆる「天下の三陪臣」である。

なぜそのような人物になり得たのか。それは多感な少年期に上杉謙信の多大な影響を受けたからである。景勝の父が1564年に死すと、景勝は叔父の上杉謙信の養子となり、近習の兼続も春日山城（現在新潟県上越市）で育った。

ここで、直江兼続は1578年に上杉謙信が亡くなるまで陰に陽に薫陶を受けた。その意味で、謙信は兼続の人生の師であり、憧れといって良いかもしれない。その意味でも、直江兼続をより理解するためには、上杉謙信をまず理解しなければならないだろう。少し長くなるが、上杉謙信の哲学を分析してみよう。

上杉謙信といえば、天才と謳われるほど軍略に長けた名将で、川中島で五回にわたって武田信玄と戦った、宿命のライバルでもある。上杉謙信は、民を愛し、禅を深く学び、「義」をとても大切にしていた。その意味で、その家臣であった直江兼続は、謙信の教えを胸に、義と愛を自己の機軸としたといえるだろう。

「義」とは、人としての正しい道である。その意味で、「義」のある戦いしか謙信はしなかったといわれている。それゆえ、謙信は義将とも称された。

上杉謙信が少年時代に学んだ禅宗の林泉寺（新潟県上越市）には「第一義」という謙信直筆の額が山門に掲げられている。

また、この寺で謙信が論語の素読を始め、儒学や中国の史書なども大いに学んだことは想像に難くない。この謙信を少年期に教育したのが、天室光育大和尚《てんしつこういくだいおしょう》（春日山林泉寺第六世）や北高全祝大和尚《ほっこうぜんしゅくだいおしょう》（雲洞庵第十世）などの名僧だった。その謙信の教育を景勝は受けけ、同時に、近習だった兼続も一緒に受けたといえよう。

義を見て為さざるは勇無きなり

正しい人の道と知りながら実行しないのは、勇気がないからだ。

――『論語』

宝在心――宝や幸福は自分の心にある

次の文章は、上杉謙信が自分の理念、行動規範として、子孫や家臣、後世に残したとされる上杉家家訓十六カ条であるが、このようなことを折に触れ兼続は教育されたことだろう。これは「宝在心」（宝や幸福は外にあるのではなく、心の中にあるという意）といわれているが、その中にも謙信の「義」の思いが表れている。

一、心に物なき時は、心廣《ひろ》く體泰《からだやすらか》なり（自分の心を見失わせるような物がない時は、心は広々として、体もゆったりとして安らかである）

一、心に我儘《わがまま》なき時は、愛敬失はず（自分勝手なわがままな心がない時は、気ままに振舞う

ことともなく、すべてを愛し、敬うことを忘れない）
一、心に慾なき時は、義理を行ふ（心に欲がない時は、正しい行いや理にかなった良識のある行動ができる）
一、心に私なき時は、疑ふことなし（心に私心がない時は、いかなる物事に対しての判断も疑う必要はない）
一、心に驕りなき時は、人を教ふ（驕りえらぶるような心がない時は、人を敬い、はじめて人をさとし教えることができる）
一、心に誤なき時は、人を畏れず（心にやましい事がない時は、人をおそれない）
一、心に邪見なき時は、人を育つる（偏ったよこしまな心や間違った考え方がない時は、人を立派に育ててゆくことができる）
一、心に貪りなき時は、人に諂《へつら》ふことなし（貪欲でむさぼるような心がない時は、人に媚びたり、おべっかを使ったりすることがない）
一、心に怒なき時は、言葉和《やわ》らかなり（心に怒りがない時は、心が乱れず穏やかで言葉遣いもやわらかである）
一、心に堪忍ある時は、事を調《ととの》ふ（耐え忍ぶ忍耐の心がある時は、何事もととのい、成就する）

一、心に曇なき時は、心静なり（心に曇りがなく晴々としている時は、心が清々しく澄んでいて静かである）
一、心に勇ある時は、悔むことなし（心に勇気がある時は、いかなる事があってもくよくよ悔やまない）
一、心賤しからざる時は、願好《ねがい》まず（心が豊かでいやしくない時は、無理な願いごとをしない）
一、心に孝行ある時は、忠節厚し（真に尽くそうという親孝行の心がある時は、仕事にも上役にも、自ら忠節を尽くそうとする気持ちが深い）
一、心に自慢なき時は、人の善を知り（心にうぬぼれの気持ちがない時は、人の長所や素晴らしさがよくわかる）
一、心に迷なき時は、人を咎めず（しっかりとした信念がある時は、むやみに人を責めたり、とがめだてしたりしない）

この「宝在心」の第三条に「義理」という言葉があり、心に私利私欲がなければ、正しい道理、すなわち、人としての正しい行動や判断ができるとある。その意味でも、謙信は、国の政治においても、また、国の経営においても、利害よりもまず理念、義を大切にしたといえるだろう。

君子は、何事に臨んでも、それが道理に合っているか否かと考えその上で行動する。小人は、何事に臨んでも、それが利益になるか否かと考えて、その上で行動する。

――吉田松陰

敵に塩を送る

謙信がいかに「義」を重んじていたかがわかるエピソードがある。謙信が仇敵《きゅうてき》ともいうべき武田信玄の領国、甲斐に塩を送ったという逸話である。これは戦国の美談として『上杉家御年譜』などに見られる。

ことの発端は、信玄が嫡男の義信を謀反の罪で自害に追い込んだ際に、義信の妻（今川義元の娘）を駿河の今川家に送り返したことからはじまった。

この瞬間に、甲斐・駿河・相模の三国同盟の一角が崩れ、同盟そのものが事実上は破棄されてしまった。怒ったのは、今川義元の息子で、今川家の当主の氏真だった。

氏真は、相模の国の北条氏康と図って、甲斐・信濃の武田信玄への報復手段を講じた。それが甲斐と信濃に塩の輸送を全面的に禁止する、経済封鎖だった。塩留めとなれば甲斐・信濃領民の困惑ぶりは、想像にあまりある。塩が輸入できなければ、甲斐の領民の生死にもかかわってくる。

信玄との川中島の戦いの余韻さめやらぬ時期であったにも関わらず、このことを知った謙信は、「信玄と争うところは、弓箭《きゅうせん》（戦《いくさ》）にある。米や塩ではない」「塩を絶つとは卑劣で武士の恥であり、相手の国の力を弱めようとする行為自体が、相手に対し恐れをもっている証拠だ」と言い、以前と同様に塩を輸送するように、上杉家の御用商人の蔵田五郎左衛門に命じたという。

そして、１５６９年１月11日、雪の中、越後からの塩が、糸魚川街道を経て深志城下（現在の松本市）に到着した。この時、甲斐・信濃の領民は蘇生の思いをした。喜んだ領民たちは、謙信の義と人間愛を深く感じ、その徳をたたえ、「義塩」をわけあったという。

義塩に感謝した信玄が、そのお礼に贈ったと伝えられているのが、福岡一文字（現在の岡山県瀬戸内市）の在銘太刀《ざいめいたち》「弘口《ひろくち》」一振（いわゆる塩留めの太刀）である。これは、東京国立博物館に所蔵されている。

このような一本筋の通った上杉謙信の人間愛に溢れた義を貫く生き方は、没後４００年以上経った今日でも燦然と光り輝いているといえよう。これを間近に見て育ったのが、兼続である。影響を受けないわけがなかったろう。義と愛が自分自身の哲学として自ら形成されていったといえる。

ビジネスにおいても企業の経営においても、謙信の「義」の心を不変の企業理念、仕事哲学として取り入れ、義にもとづく理念経営や仕事をされてみてはいかがだろうか。

一つの例としては、「先義後利」という大丸の企業理念があげられよう。儒学者の荀子の「義を先にして利を後にする者は栄える」から引用したとされている。また、義にもとづく経営は、現代でいえば、コンプライアンス経営ということにもなるのではないだろうか。

アップルとの関わりを新たにすること、これはすごく刺激的だ。

――ビル・ゲイツ

本来ならばライバルであるアップル社救済のために、出資をした時の一言。マイクロソフトにとって競争相手がいなくなることは自社の危機も意味していた。

直江兼続誕生

1578年上杉謙信が急死すると、謙信には妻子がいなかったため、跡目争いが勃発した。

上杉謙信の養子となっていた、小田原の北条氏康の七男・上杉景虎と上杉景勝の義兄弟が越後の国を二分する内部抗争、内乱を展開した。いわゆる「御館《おたて》の乱」である。謙信が亡くなると景勝は遺言により相続したと主張し、兼続が先手を打って、春日山城の本丸と兵器蔵、金蔵のお金を押さえてしまった。現代の金額に換算して八十~九十億円という。他方、上杉景虎は城下の御館に入り、前関東管領《かんとうかんれい》上杉憲政の支援を受けた。

当初、実家の北条氏の支援を受けた上杉景虎が優勢だったが、景勝が武田勝頼と和睦し、同盟の証として勝頼の妹の菊姫を妻に迎える婚約が成立すると、形勢は逆転。和解するために景勝のもとに赴いた上杉憲政と景虎の子道満丸《どうまんまる》は斬られ、景虎とその妻(景勝の実妹)は逃亡先の鮫ケ尾《さめがお》城で自害した。

乱は景虎の自害で一応終結したが、完全に収束するのに三年ほどを要した。その結果、北信越で強大な力を誇った上杉家の国力は疲弊して、近隣の織田信長や徳川家康、伊達家、最上家などに浸食されることになった。いわば四面楚歌の危機にさらされたのである。

他方、1571年、乱の後の論功行賞に不満を持つ家臣の毛利秀広《もうりひでひろ》が上杉家の重臣、直《なお》江《え》信綱《のぶつな》を斬殺する事件が発生してしまった。信綱は惣社長尾家の出身で宿老《しゅくろう》の直江景綱の娘婿になっていた。

このままでは跡取りのない直江家が絶えてしまう。そこで、景勝は側近の兼続を信綱の未亡人である船と結婚させ、直江家を継がせた。こうして直江兼続が誕生したのである。人生は何が起こるかわからない。

内紛はいつの時代でも国力を低下させるが、反面、直江兼続は青天の霹靂とでもいうべきか、宿老の家の女婿となり、一気に越後与板城《よいたじょう》（現在の新潟県長岡市）城主に飛躍した。それは同時に、兼続の補佐役としての執政への道を開いた。兼続は私心を棄ててその全幅の信頼にこたえ、終生裏切らなかった。

兼続の義父になった直江景綱は上杉四天王の一人といわれる宿老で、『上杉家軍役帳』によれば305人の軍役を課せられていたとされ、家中でもとりわけ重きを成していたことが伝えられている。

そのため、兼続の立場が飛躍的に高まったに違いない。

直江状は宣戦布告状か否か

上杉家は、織田信長の宿老・柴田勝家に攻められ、あわやという危機に追い込まれていたが、織田信長が本能寺の変で突如横死したので、すんでのところでお家存亡の危機を脱したといわれている。そして、豊臣秀吉の時代が到来した。

上杉景勝と兼続は、秀吉とは誼《よしみ》を通じ、一早く帰順したため、秀吉に厚遇された。そして、新発田重家《しばたしげいえ》の乱を平定し、乱れていた越後を再び統一した。

1588年、景勝とともに兼続は再び京都に入った。景勝は、従三位《じゅさんみ》・参議、兼続は、従五位下《じゅごいのげ》を授かる。兼続は更に豊臣秀吉の推薦により朝廷から「山城守」を授かった。これは陪臣としては異例のことだった。

その後、1598年に秀吉は上杉家を越後から会津百二十万石に移封した。景勝は、上杉謙信以来の領土である越後と信濃（長野県）四郡から会津（福島県）と置賜《おきたま》（山形県）九十二万石をあたえられた。また、従来から領有していた佐渡十三万石と庄内十四万石をあわせると約百二十万石になり、徳川、毛利に次ぐ三番目の大大名となった。

そして、秀吉は陪臣である兼続に、米沢（山形県米沢市）三十万石という高禄をあたえた。このことにより、景勝と兼続は禄高の差こそあれ、秀吉の前では横並びになった。これは、上杉家の内部分裂を企んだ秀吉の策略ともいわれている。しかし、二人の信頼関係はみじんも変わらなかった。

また、１５９５年に、上杉景勝は豊臣政権の五大老の一人となり、重きをなした。そのため、領国内の内政は兼続が一人で仕切ったといっても過言ではないだろう。

１５９８年8月、秀吉が六三歳で没すると、徳川家康は露骨に権力集中を図って徳川政権樹立に動きだした。

他方、景勝は１５９９年9月に会津に帰国。兼続に命じて街道を整備し、橋を架け替え、食糧や鉄砲武具を買い集めた。また、戦いに備えて、浪人や大名の遺臣を三万人ほど雇い入れたという。さらに、神指《こうざし》城（福島県会津若松市）を新たに築き、領内の城も改修したようである。

隣国越後の堀氏から上杉家謀反の讒言ともいうべき報を受けた家康は、4月、景勝に対して上洛せよと命じた。何のために城を築き街道の整備、戦いの備えを行うか理由を説明し、誓紙を出せと命じたのだった。元々は上杉家と堀家との係争事案が本質のようである。あらゆる機会をとらえて、天下を奪取しようとする家康の戦略の一環だったともいわれる。

それに対して兼続が以前から親しくしていた禅僧で、徳川家康の命を受けて上杉家との交渉に当たっていた豊光寺（臨済宗相国寺派の塔頭）の西笑承兌《さいしょうじょうたい》に返信した書簡が有名な直江兼続書状（いわゆる「直江状」）である。この「直江状」こそが、天下人・家康に堂々と大胆不敵な挑戦状を送ったとされ、いわば宣戦布告した人物として、今日まで人口に膾炙され、兼続の名を高らしめている最大の要素といえようか。

さて、この「直江状」が関ヶ原の戦いのきっかけとなる会津征伐を家康に決意させたとされ、また、家康には元々石田三成を誘発させる戦略があったともいわれている。が、私が直江状を見る限り、宣戦布告状とまでは読めないし、石田三成との共謀の事実も読みとれない。いずれにしろ、この点については、明確な一級資料はまだ見つかっていないようである。また、実際に書かれた「直江状」の直筆の原本もまだ発見されてないので、長年の真贋論争がある。

「直江状」については、山本博文東京大学史料編纂所教授著の『天下人の一級史料―秀吉文書の真実』（柏書房）の中の『「直江状」の真偽』に詳しい。非常に優れた研究書で、「直江状」の真贋論争について検証されている。私は山本説を支持し、「直江状」は存在したと考える。

「直江状」は、戦国屈指の有名文書と言っても過言ではない。それにも関わらず、原文（の写し）に忠実な全訳の現代語訳が市販の一般書に全くないようなので、本書では「直江状」の本文（「古今消息集」三、内閣文庫所蔵）を原文にできる限り忠実に全訳させて頂こうと思う。読者の皆様にもこれが一般的に言われているような宣戦布告の内容かどうか、ご判断を仰ぐ次第である。

「直江状」十六カ条は後述のようになるが、兼続が主君・景勝のことを何としても守ろうと懸命に弁明しているのが伝わってくる。同時に、家康に敬意をはらった丁寧な文章で、言葉一つ一つに家康への細心の配慮と、景勝への兼続の深い忠誠心と国を思う心がよく伝わってくる。まさに景勝と兼続の二人の長い主従関係の思い、上杉家の「義」の家風が凝縮したような文章ではないだろうか。

「直江状」は、1600年4月14日付で「今朔之尊書《こんさく》、昨十三日着。具《つぶさ》に拝見。多幸々々《たこうたこう》」と始まっているので、一夜のうちに急ぎ書き上げた書状であることがわかる。おそらく徹夜しながら必死に推敲して書き上げたのではないだろうか。そのため、日本語的に見ると、少し文章が文法的におかしい点もあるかもしれないが、兼続が急いで返信しなければと懸命に認《したた》めた証拠ともいえよう。

史実としても、1600年4月頃の状況やどのように誹謗中傷、讒言されていたかがよくわかる文章である。

現代でも、突発的な事件やいわれなき誹謗中傷、風評被害に対して、危機管理やIR上の対策をしたり、弁明やお詫びの謝罪文などを急ぎ作成しなければならないことがときとしてあるが、そのような場合に、この直江状の回答の仕方、書き方は一つのモデルとして何かのヒントを与えてくれるのではないだろうか。

一、当国（景勝領国）について、そちらで種々の噂が流れていて内府様（家康様）が不審に思っておられるのはもっともなことでございます。しかしながら、京都と伏見という近い間においてさえ、いろいろな噂が起こるのはやむを得ない時であり、ましてや遠国で景勝は若輩であるので、それは似合いの噂でございまして、気にしないで頂きたく存じます。内府様にはご安心くださいますよう重ねてお願い申し上げます。

一、景勝上洛の延引について何かといわれている件ですが、不審に思っております。一昨年に国替えがあってほどなく上洛し、去年の九月に帰国して、今年の正月に上洛するように申されるのでは、いつ国の仕置（政治）を申しつけたらいいのでしょうか。特に当国は雪国にて十月から三月までは不自由で何事も出来ませんので、当国に事情に詳しい者にお尋ね頂きたく存じます。そうすれば、景勝に逆心がないということがたちどころにおわかりいただけますでしょう。正月からの噂は全く上洛延引が原因で、それを何者かが景勝の逆心のように詳しく申し述べているのではないかと推量致しております。

一、景勝の別心については誓紙をもって申し上げるべきとのことでございますが、去々年以来数通の起請文が反故になっておりますので、重ねて同じことをする必要はないのではないでしょうか。

一、太閤様（秀吉様）以来、景勝が律儀者であると家康様が思っておられますなら、今もそれに変わりございません。世の中でいうような「朝令暮改」のようなことは景勝にはございません。

一、景勝の心中には毛頭別心などありませんが、しかし、讒言をする者の言うことを糾明することなく、逆心があると思われるのであれば、どうしようもございません。また、いい加減にならないようにするために、讒言をする者を引き合わせて是非を尋ねるべきなのに、それをしないのは、内府様に裏表があると存ずべきではないでしょうか。

一、前田利長殿のことは家康様の思う通りに仰せつけになられましたとの由、家康様の御威光が浅くないと存じております。

一、増田長盛《ましたながもり》と大谷吉継《おおたによしつぐ》がご出頭とのこと、珍重に存じます。用件がある場合には、そちらに申し上げます。榊原康政《さかきばらやすまさ》殿は景勝の表向きの取次です。もし景勝に逆心が歴然としていても、一応意見をするのが侍の筋目です。また、それが内府様のためにもなりますのに、讒言をした堀監物の奏者を務め、様々な才覚で景勝のことを妨害しています。榊原康政殿が家康様にとって忠臣なのかどうか、よくお考えになり、その上でお願いすることになるでしょう。

一、噂の第一は、上洛が遅れていることから生まれたことかと存じます。実際は右に申し上げたとおりでございますので、お改めをお願い申し上げます。

一、噂の第二の、武具（武器）を集めていることについてですが、上方の武士は今焼（楽焼きや瀬戸焼など）・炭取（炭斗）・ふくべ以下の人たらしの道具をお持ちなのに対し、田舎武士は鑓や鉄砲や弓矢の道具を支度するものでございます。こうしたことはその国の風俗（お国柄）と思って頂き、ご不審に思わないようにお願い申し上げます。

たとえ、景勝が世の中でこれ以上ないほどの支度し、似合わない道具を用意したとして不肖の範囲などは何ほどのことがございましょうや。天下に不似合いの噂と存じます。

一、噂の第三として、道や橋をつくって交通の便を良くするのは、国を持つ者の役目として当然の務めではないでしょうか。（国替え前の）越後の国においても舟橋と道づくりを行っておりましたが、それは端々に残っているはずです。それは家老の堀監物も知っているはずです。越後は上杉家の本国ですから、堀秀治《ほりひではる》（久太郎）を踏みつぶすのに何の手間などいりません。道をつくるなど必要はありません。景勝の領地は言うまでもなく、上野、下野、岩城、相馬、仙台、最上、由利、仙北へ境を接していて、いずれの国でも同様に道をつくっております。他の大名衆は何もいわないのに、堀監物だけ道をつくることに恐れをなして騒いでおります。それは彼が弓箭を知らない無分別者と思うべきでございます。

もし景勝が天下に対して逆心を企てるならば、諸国の境目堀切りで道を塞いで防戦の用意こそするはずです。しかし、十方へ道をつくり、逆心して、もし人数を向かわせるのであれば、一方の防御すらできないでしょう。まして、十方を防ぐことなどできましょうか。たとえ他国へ出陣いたしたとしても、一方へこそ景勝相当の人数にての出陣となりましょう。二口もどうしてできましょうや。なかなか是非にも及ばないうつけ者と存じます。

江戸からの御使者は白河口などを通っておられますので、もし御不審ならご使者を下されましてご検分をお願い申し上げます。境目などをご覧になられれば、納得されるでしょう。

一、遠慮のない間柄でも、以後虚言になるようなことは自他のためにおっしゃらないとのことでございますが、高麗が降参しない場合は、来々年には人数を遣わされるとのことでございます。が、これは明らかに虚説ではございませんでしょうか。一笑でございます。

一、景勝にとりまして、当年三月は先代謙信の追善供養《ついぜんくよう》にあたっておりまして、景勝はそれを終えてのち夏中には上洛する予定でございました。そのため、在国中に人数・武具など国の仕置き（領国統治）のためにしっかりと整えるよう用意しておりましたところ、増田長盛と大谷吉継から使者がやってきて言うには、景勝の逆心の噂が不穏なので、別心がなければば上洛するべきであるとのとの家康様のご内意を伝えられました。しかし、讒人《ざんにん》（讒言《ざんげん》をした堀監物を指す）が申していることをありのままに聞かれ、それを厳しく糾明してこそ、ご懇切の証ですのに、それもせずに理由もなく逆心と申し触れられ、別心がなければ上洛せよなどと、乳飲み子の扱いであり、どうしようもございません。昨日まで逆心を持っていた者も、その目論見がはずれた際には、素知らぬ顔で上洛し、褒美などを貰い、また、恥不足をも顧みず、平気で人と交わるような当世風は、上杉家の家風と違いますし、景勝には不似合に存じます。

景勝の心中に別儀（逆心）はございませんが、逆心の噂が天下に隠れなくなっている中で、軽率に上洛すれば、上杉家代々の律儀と弓箭の名誉まで失ってしまいかねません。それゆえ、讒言をする者を引き合わせてご糾明して頂けなければ、上洛することはできかねます。

このことは景勝が正しいことはいうまでもございません。なかんずく景勝家中の藤田能登（信吉）が7月半ばに当家を出奔《しゅっぽん》して江戸へ行き、それから上洛したということは万事承知致しております。景勝が間違っているのか、内府様に表裏があるのか、世間のご判断次第でございます。

一、千言万句も入りません。景勝には別心（逆心）など毛頭ありません。上洛のことはできないように仕掛けられているのでどうしようもありません。内府様のご分別次第で上洛されるでしょう。たとえこのまま在国されても、太閤様の御置目に背き、数通の起請文も反故にし、ご幼少の秀頼様を見放して、内府様へ逆らい、こちらから手を出したのでは、たとえ天下の主となられたとしても、悪人の名から逃れられず、末代までの恥辱となります。このようなことを深く考えもせずに、どうして逆心をなされるでしょうか。ご安心ください。ただし、讒言をする者の言うことを真実とお考えになり、不義の扱いをされるのであれば致し方なく、誓紙も固い約束も無意味でございましょう。

一、そちらにおいて、景勝逆心とか、隣国にて会津で戦の動きがあると触れ回られております。あるいは、城へ人数を入れ、兵糧を準備し、あるいは、境目の人質を取り、所々の口止めをしているなどと様々な噂ですが、それは無分別者のしていることですので、聞くまでもございません。

一、内々に内府様（家康様）に使者を出して申し上げるべきとは存じますが、隣国から讒人（讒言をする者）が続けて種々述べているほか、家中から藤田（信吉）が出奔するような状況で、逆心が歴然としていると思われているところへ、使者などをお出ししては、表裏者の第一とご沙汰（裁定）をされるでしょう。それゆえ、これらについて、讒言をする者のご糾明なきうちは、何も申し上げられません。我々には全く疎意はございませんし、西笑承兌様には折々に家康様にお取りなしを頂き、恐縮に存じております。

一、何事も遠国ですので推量しながら申し上げますが、西笑承兌様には何卒ありのままにお聞きください。今の世のあり様はあまりに情けがましい状況ですので、自然に誠のことも嘘のようになってしまいます。申すまでもございませんが、この書状は（家康様に）お目にかけられるということですので、天下の黒白をご存知のことと存じますので、書状をお送りさせて頂きます。ご無礼なことを少なからず申し上げましたが、愚意を申し述べ、尊意（ご諒承）を得るべく、はばかりをも顧みず書き認めました。おそれながら謹んで申し上げます。
侍者奏達《じしゃそうたつ》。恐惶敬白《きょうこうけいはく》。

直江山城守　兼続

慶長　四月一四日

豊光寺　侍者御中

さて、『改正三河後風土記《みかわごふどき》』によれば、家康はこの直江状の弁明（反論）に「大《おおい》に怒給《いかりたま》ひ、我齢《わがよわい》六十に及びしかども、いまだかかる無礼の文を見ず」と激怒したという。

このように、「直江状」は、上杉景勝が叛乱を起こそうとしている、という口実になったとされる。そして、史実の如く、家康は会津に向かって上杉討伐軍を出撃させた。その隙を狙って石田三成が挙兵。家康の出兵の真の目的はそこにあったという。

下野国小山（栃木県小山市）で三成挙兵を知った家康は、そこで軍議（小山評定）を行い、上杉討伐軍のほとんどすべての大名たちを味方につけ、西へ引き返した。そして、1600年9月15日、関ヶ原の合戦が行われ、一日で大勝した家康は、事実上天下を制した。

苦しいときに真価が問われる

家康勝利の報に接し、景勝は、兼続とともに家康に詫びを入れた。結果は、取りつぶしこそ免れたが、上杉家は百二十万石から三十万石（置賜・伊達・信夫）の四分の一まで大減封され、収入が激減することとなった。

余談かもしれないが、素朴な疑問として、もし「直江状」が家康への宣戦布告の文書であれば、上杉家は取り潰しになるのが普通ではないだろうか。それが取り潰されずに、四分の一で済んだというのは、兼続の丁寧な弁明の文書であり、それを家康は宣戦布告とまでは解釈しなかった証拠ではないだろうか。もちろん、家康の東軍に積極的に参加しなかった点は大減点であるが、取り潰しをするほどの非とまではいえなかったということではないだろうか。

さて、石高（収入）が激減した上杉家であるが、米沢城を本拠地とし、約5千余の家臣を整理することなく、そのまま米沢に抱えていった。

このように収入、売上が四分の一になったときに、もし現代の経営者なら、どのような行動をとるべきだろうか。広告費や教育費のカット、立場の弱い人からクビ切りや給与減、ボーナス支給の停止等で固定費を圧縮。赤字事業からの撤退などひたすら事業縮小の道を突き進み、成長や発展に必要なやるべきことをやらず、帳尻合わせをして見せかけの黒字化を演出しようとするかもしれない。

しかし、兼続は違った。縮小均衡策だけではない。どんなに苦しくとも、やるべきことはやった。勿論、自分が率先垂範して質素倹約するのは当然だ。兼続は米沢では六万石を与えられたが、自ら率先垂範して禄を削り、五千石の生活に徹して、残りの五万五千石は他の者に配分したという。自分は十二分の一にしたわけである。

また、家康の側近であった本多正信に掛け合って十万石の軍役の免除を引き出した。いわば債務免除を頼んだといえようか。

さらに、郊外の東原・南原には、曲屋《まがりや》と呼ばれる家々を配した。曲屋は間口六間、奥行き二十五間（百五十坪）の土地に建てられ、裏庭に池を掘らせて食用の鯉を飼わせ、垣根には食用のウコギを植えさせたという。

城下の東を流れる松川（最上川）が氾濫するのを防ぐために堤防を造り、また、運河を造って商業・流通を整備した。さらに、鉄砲による防衛体制を強化することにし、鉄砲や大口径の銃も大量生産させた。農業振興策としての水利事業の推進、漆や紅花など換金性の高い作物の栽培の奨励、金銀山の開発と続き、実質収入を五十万石余まで向上させたという。

ちなみに、江戸中期に藩政改革を行った名君の上杉鷹山《うえすぎようざん》は直江兼続のやり方を手本に藩政改革を行ったといわれている。それ以来、兼続の評価はあらためて高まったという。このように、苦しいときにどんな行動をとるかが、ビジネスでも重要ではないだろうか。

経営者は、事を誤って事業が失敗したような場合には、自分が破産しても、たとえ1円でも従業員に渡すということを考えなくてはいけない。それが経営者の心構えである。

――松下幸之助

権力に屈しない芯の強さ

最後に兼続の人となりが伝わるエピソードを紹介してみよう。仙台藩の伊達政宗の間に次のような話が伝わっている。

『名将言行録』によれば、政宗が京都・聚楽第で諸大名を前にして、懐中から天正大判を取り出し、得意げに見せたことがあった。同席していた兼続がそれを扇の上にのせて女童の羽根をつくようにして見ていると、政宗は「手にとってよく見よ」と告げた。すると兼続はこう答えたという。

「謙信の時より先陣の下知して麾《ざい》（軍を指図する旗）取り候《そうろう》。手に、かかる賤《いやし》き物取れば汚《よご》れ候故《ゆえ》、扇に載せて候」

（謙信在世時代から軍勢の指揮をとる旗を持ってきた自分の手で金銭などという賤しいものを持てば汚れますから、こうして扇にのせて見ているのです）。そういって兼続が投げ返すと、政宗は赤面したという。

義や温情に厚い兼続ではあったが、権威や力に屈しない兼続の生き方がよく表れているのではないだろうか。

春雁《しゅんがん》吾《われ》に似て吾雁に似たり
洛陽城裏《らくようじょうり》花に背《そむ》きて帰る

直江兼続

北へ渡って行く春の雁が私に似ているのか、
それとも私が雁に似ているというべきか。
華やかな都の巷で、美しい花に背を向けて、私は私のあるべき所に帰ろう。

CHAPTER

5

山本勘助

A Late Bloomer

What Every Business
can Learn from
Strategists in History.

不遇に負けない遅咲きの人

山本勘助

１４９３－１５６１

武田信玄の軍師。江戸時代に成立した軍学書『甲陽軍鑑』に登場する武将。名を晴幸《はるゆき》ともいう。生まれた年は、１４９３年説、１５００年説、１５０１年説の三つがある。生まれた場所も、三河国牛窪（現在の愛知県豊川市）、三河国加茂（愛知県豊橋市）、駿河国山本（静岡県富士宮市）の三説があり、どこが本当の出生地なのかは今後の調査、研究が待たれる。また、武田信玄に仕官した時期も、１５４３年と、１５４４年の二説ある。上杉謙信との第四次川中島合戦では相手をおびきだす「啄木鳥《きつつき》戦法《せんぽう》」を提案するが謙信に見抜かれて失敗し、討ち死にした。

武田信玄と山本勘助

山本勘助は、架空の人物とされるなど、様々な説があり謎に包まれた人物である。当時は漢字の音が同じであれば、当て字が使用されるのは良くあることだった。そのためか、山本勘助のことを、山本管助、山本管介と表記する場合もある。

山本勘助に関する最先端の研究成果は、『山本管助の実像を探る』（山梨県立博物館監修、海老沼真治編、戎光祥出版、2013年6月初版）に大変良くまとめられている。本稿もこの素晴らしい研究成果の上に成り立っている最新の山本勘助論である。

山本勘助の子孫である山本家は、勘助没後四五〇年以上の時を経た今も存続している。また、「武田家旧温会」というしっかりした武田家家臣末裔者の会も存在している。

戦国最強といわれた騎馬軍団を率いた武田信玄。戦略家としてのみならず、「信玄堤《しんげんづつみ》」に代表される治水工事や金山開発を成功させるなど政治家としても一流だった。そうした成果の背景にあったのが、武田信玄の巧みな人材活用術であり、それを踏まえた武田二十四将などの家臣団の活躍だ。山本勘助もまたその一人だったといえよう。

さて、山本勘助のことである。『甲陽軍鑑』によれば、山本勘助は二〇代から諸国を廻国修行していて見聞が広く、武田信玄に仕官して後、諸国の情報や自らの経験に基づく様々な策を進言したとされる。

山本勘助の一生をみると、数えの五一歳、あるいは、四四歳、四五歳のときに仕官（いわば転職）したことになる。つまり当時でいえば、隠居する年齢で武田家に転職したことになる。人生五〇年といわれていた時代である。自分の生きがい、働きがいを求め、自分をより生かすために、信玄に仕官したのであろう。

信玄も1541年に父・信虎を追放して甲斐の国主となり、信濃攻略などの拡大戦略を進める中で、有用な人材、使える人材が欲しかったときだろう。自国の人材だけでは、拡大戦略の実現が追い付かなかった。だからこそ、勘助と信玄のニーズが合致した。しかし、いずれにせよ、その年齢では、よほどの能力なり技術がないと採用されないといえよう。

いつの時代も、人（領主、現代でいえば企業）が人を雇うには、それだけの魅力ある付加価値がなければならない。支給する俸禄（扶持、給与・報酬）以上の価値を国（現代でいえば企業）にもたらさなければ、よほどの強いコネなどを特別な場合を除いて、雇うはずはない。それは、今も昔も変わらない。それは、いわば中途入社の山本勘助も同様だったろう。当時の武田信玄の家臣団にないものが勘助にあったのだろう。

他方、いつの世も、相性と他者にはない優れた特別な能力や技術が評価されるといえる。いわば、その人物の「魅力ある差別的優位性」である。さらには、四五歳ぐらいの年齢（あるいは、五一歳）で就職して、外様（他国衆）で、のちに武田二四将の一人とされるようになったのだから、勘助の重用されたことや活躍ぶりが推測される。

なぜここまで、山本勘助が現代まで名軍師として名を馳せているかというと、戦国の名勝負の川中島の戦いで活躍したからであろう。信濃攻略や宿敵・上杉謙信との戦いにおいて勘助の能力や技術が、ますます重要になり、その彼の付加価値が、余人に変えられないほどのものだったことが理由かもしれない。

信玄は、巧みな人材活用術、実力主義を実践した。経営やビジネスの醍醐味は、自分にない力を持っている人たちと同じ夢に向かって一緒に仕事をできることである。もしかすると、信玄もそういう思いを持っていたのではないだろうか。勘助もその夢と一緒に邁進した。

我、人を使うにあらず。その業を使うにあり。

——武田信玄

自分は、人を使うのではなく、その人の技を使うのだ。

なぜ、若くなかった勘助が採用されたのか?

山本勘助が架空の人物であるといわれてきたのは、1969年まで、甲州流軍学書『甲陽軍鑑』にしか登場してきていなかったためだった。これは、武田信玄を中心とする戦略・戦術を記したもので、江戸時代初期に完成した。『甲陽軍鑑』は、一説によれば、1586年頃にその原型が出来上がり、その後、追補されたりして、1621年頃までには完成したとされている。

さて、1969年に北海道釧路市在住の市川良一氏宅から市河藤若宛の信玄の書状（『市河家文書』）が発見されたことから、山本勘助実在説が有力となった。

書状の日付は1557年（弘治三年）6月23日で、第三次川中島合戦の最中であった。この書状は、信濃・越後の国境に領地を所有していた市河氏宛の訴状である。当時、市河氏は信玄に味方していた。

その書状の最後には「猶可有山本菅助口上候　恐々謹言」という文言があった。つまり、「なお、山本管助から詳細については申し上げさせて戴く」というのである。「菅助」とは勘助のことにほぼ間違いなく、これによって勘助が信玄の正式な使者としてこの書状を持って市河氏を訪ねたことが証明されたといえよう。

主君・信玄の代理で口上を述べる使者は、身分の軽い単なる伝令やメッセンジャーではなく、信玄の信任の厚い将校級以上の存在である。重臣的な地位にあったことが伺える。

その後、『真下家所蔵文書』『沼津山本家文書』などが発見されて、山本勘助の存在は確定したといっても過言ではない。

山本勘助と信玄の出会いは、『甲陽軍鑑』によれば、１５４３年宿老の板垣信方の推挙により、また『高白斎記』（別名『甲陽日記』）では１５４４年の出会いだったとされる。

山本勘助は、『甲陽軍鑑』によれば、色黒の大変な醜男で、片目で指が欠け、跛足《はそく》の小男だったという。しかし、「大剛の者なれば、ことさら城どり、陣取一切の軍法をよく鍛錬いたす。京流の兵法も上手也」「ぐんばいをも存じ仕《つかまつ》りたるもの」という。一方、「勘助九年駿河に罷在ども、今川殿かかへ給わず」と記されている。

非常な強者で、特に城取り（築城術、城の縄張り、設計など）、陣構えなどあらゆる軍法を良く鍛錬して優れている。京流の兵法も上手である。さらに、合戦の際の軍の指揮や用兵、軍配者として能力である易占《えきせん》にも長じているという。しかし、駿河国に九年間いたけれども今川義元は勘助を召し抱えなかったとも記されている。このときは、今川家の有力な武将であった庵原《いはら》氏に世話になっていたようだ。

他方、『名将言行録』にもほぼ同様の記載があり、「智謀勇略萬人に超過せり」という。勘助が縄張りや構築、修築した城としては、高遠城、小諸城、深志城、海津城（松代城）などが伝えられている。海津城は上杉謙信との戦いにおいて重要な役割を果たした。

従来の城造りは、堀を巡らせた「平城」や「詰めの城」が一般的だった。当時は、日常生活のための平地の館（根小屋）と、戦争の時に守りで籠城する山上の城にわかれている場合が多く、この山上の城が「詰の城」である。

城取り（築城術）を最も得意とする勘助が考案したのは、従来のこの城造りを改良した「丸馬出し」という形式である。攻守両方に優れた城造りで、今でいえば、画期的な新技術の開発といえようか。のちに、この山本勘助の築城術は、甲州流築城術といわれるようになった。

いずれにしろ、勘助が信玄に仕官した頃から、信玄の信濃攻略などの領土拡大戦略が加速している。それは築城術と諸国の実情や戦略に通じた勘助との良き出会いがきっかけになったからではないかと思う。

男は一生で一度でいいから子孫に自慢できるような仕事をするべきである。

――藤原寛人

気象学者。彼の自慢できるような仕事とは富士山のこと。富士山に気象レーダーの塔ができれば、東海道沿線からも見える。

それを見るたびに「あれは自分が作ったのだ」と子供や孫に伝えることができる、と述べた。

自分を生かせる主君をさがせ

なぜ、山本勘助は四五歳前後（あるいは、五一歳）という年齢で、甲斐の武田信玄のもとに行ったのだろうか？　現在の年齢に換算すれば、六〇歳前後のイメージである。

勘助は、「海道一の弓取り」といわれた駿河の太守の今川義元を「この人物こそは」と思って、仕官しようと努力した。しかし採用されることなく、男盛りともいうべき九年間を、自分の持てる能力を思う存分発揮せぬまま過ごさざるを得なかった。

これほど若い頃から廻国修行し、各地の事情に通じ、己を磨き高めたのに、このまま朽ち果ててしまうのかと思うと、内心忸怩《じくじ》たる（自ら恥じ入る）思いがあったに違いない。勘助は廻国修行に出るぐらいだから、向上心が人一倍強く、大きな夢を持っていたはずだ。だから、自分を生かしてくれる主君を探し求めたに違いない。それは、「絶対このままでは終われない、何とかしなければならない」という強い思いが山本勘助にあったからではないだろうか。諸国を見聞していたので、駿河の国にいても様々なルートを通じて収集していたに違いない。そして、あるときから、信玄ならと思ったのではないだろうか。仕官（就職、転職）もマーケティングと情報収集である。

なぜそう思ったか？　それは信玄の人使いの考え方を知ったからに違いない。先に述べたように、信玄は「自分が人を使うのは、その人の業を使うのだ」という言葉を残している。

リーダーが人を使うとき、肩書や見た目で人を判断せず、その人物がどのような能力を持っているのかに重点を置くべきということが重要なポイントである。

今川義元は、勘助が武骨で背が低く、色黒の醜い男で、隻眼のうえ片足も不自由だったため、気味悪がって寄せつけなかったという。また、今川家は駿河・遠江・三河の屈指の名門であり、中世的で守旧的な家風の上に、公家風の文化だったので、勘助のような者は入り込む余地が元々なかったかもしれない。

他方、信玄は違った。若くこれから伸びようとする合理主義的な考え方を持っていた。信玄は勘助の肢体が不自由なのは戦場での経験が豊富なためだと考え、逆に重用した。信玄は見た目に惑わされず、本質で人を判断したのだ。

こうした行動は家臣の心を掴む。信玄の下で働いていれば、容姿やへつらいよりも能力や働きを評価してくれるとの噂が立つ。信玄の評価方法は現代の「実力主義」「成果主義」であり、「加点主義」だった。このあたりの差が、武田信玄と今川義元との差をわけたといえよう。

また、『甲陽軍鑑』には、信玄による「武士の良し悪し、一夜限りの定め二カ条」が収められている。

一カ条は「真面目な人間は大きな働きをする」。その理由として信玄は「真面目な者は恥を知るので常に心が明るい。心が明るければ諸事の行いは正しい。人にへつらうことがなく、軽率なことをせず、万事を知り尽くして慎重に物事を進める」と説く。

そして二カ条では「不真面目な人間は大きな働きはできない」とする。その理由として「思慮不足である。あわて者である。人にへつらい、軽率である。うそをつく。物事を突き詰めて考えることをせず、武士道をわきまえない。立派な人物であっても、自分と肌が合わなければ、すぐに悪口を言う」という。

重要なのは、信玄がこれらを「一夜限りの定め」として、「武士の働きやその評価などは一夜で大きく変わる」と考えていたことだ。一度下した評価にとらわれず、毎回の成果を重要視する姿勢を明確に打ち出している。

勘助のように能力を発揮できれば重用されるし、逆に失敗しても名誉を挽回するチャンスはまたやってくる。そこには厳しさだけではなく、部下を思いやる優しさがある。このような主君を持てば、俄然やる気が出るのではないだろうか。

さらに褒美の与え方にも、信玄は工夫を凝らしていた。戦国時代、一般的な褒美は金貨だったが、信玄はあえて大小の刀や家紋入りの羽織を褒美として与えていた。合戦の場では、目覚ましい働きをした部下にすぐ褒美を与えられるように、手元に刀や兜が置いてあったという。

なぜ、そこまで現物支給にこだわったのか。金貨は黙って一人で使ってしまう可能性が高いからだ。大小の刀や羽織なら、自ら身に着けるばかりでなく、後で自分より下の者に譲ることもできる。すると、それを見た者が同じものを欲しがって競い合うように手柄を立てるようになる。つまり、金貨を与えないことが部下のモチベーション向上に繋がるのである。企業でも賃金や賞与以外の報酬として、ストック・オプション（自社株購入権）などがあるが、信玄はこの原理を知っていた。

人心掌握のための「最新理論」は数多くあるが、根本は400年以上前も現代も変わらないように思う。信玄の施策はどれも当たり前のことだが、それをきちんと公正にやったのが信玄なのだ。それができるかどうかが最大のキーポイントである。「言うは易し、行うは難し」だからである。

いずれにしろ、軍師を目指そうとすれば、良い主君を探し、見つけることが大切である。この点でも山本勘助にはその大いなるヒントがある。

ちなみに、勘助は、二百貫文の給禄で信玄に採用されたと伝えられている。一貫文が、五石あるいは一〇石に相当するといわれているので、一千石、あるいは、二千石という高緑で採用されたことになる。もしかすると、信玄からのヘッドハンティング要素があったのかもしれない。

アイデアを実行することは、思いつくより難しい。

――イーロン・マスク

EV（電気自動車）のアイデア自体はかなり古くからあったのに、なぜ誰も作らなかったのか。それはアイデアを実行することが、思いつくより難しいからだ。（スペースX社共同設立者、CEO）

名リーダーと歩む名軍師への道

前述のように、信玄が名リーダーであったことは現代的感覚から見ても疑いないように思う。他方、軍師はその優れたリーダーを相互関係の中で、補完し、サポートする。その仕方、また、信頼を得るまでの段階は色々だろう。

『甲陽軍鑑』や『名将言行録』などによれば、信玄は折に触れ勘助を傍に呼んで、様々なことを話し合ったことが記されている。

政治や信濃攻略などの戦略から、上杉の家風をはじめとして、諸国の様々な武将の人物評や諸国の事情、合戦での戦い方、占領地支配の方法などを尋ねたようである。

たとえば、諸国の武将の人物評についてはこのようだった。今川義元については、「苦労が足らず、公家のような意識で能・猿楽・茶の湯に興じたことが衰亡の理由である」、臣下については「学芸に仕える者ではなく軍役に仕える者を取り立てるべきだ」と、思うところを述べている。

このように言ったのは、もしかすると、勘助はそういう今川家の家風に対して残念に思っていたということだろう。また、「今川義元を補佐している太原雪斎長老がいなくなったら、今川家は危ない」と述べている。

それを聞いた信玄はその正確な分析力に驚き、博学・事情通というのは、まさに勘助のことだと深く感嘆したという。

『名将言行録』によれば、信玄から諸国の状況や家風を聞かれて、勘助は「参川（三河）より東は、大方《おおかた》一つなり。尾張より和泉までは是又《これまた》一つなり。四国、中国、九州は大方同じ、筑紫の奥は陸奥に似たり。尾張より上は、……」といった。

このような問答から、勘助の情報力や観察力、分析力に信玄は感心し、ますます信頼を深めていき、勘助は名軍師への道を突き進んでいったといえよう。

原石にすぎないデータが情報となるには、目的のために体系化され、具体的な仕事に向けられ、意思決定に使われなければならない。

――ピーター・ドラッカー

感謝の心で生涯を全うした「川中島の戦い」

川中島の戦いは五回あったが、最も激しい戦いが繰り広げられたのが、八幡ヶ原（長野県長野市）での第四回目の戦いである。武田信玄と上杉謙信が一騎打ちを行ったという伝説の戦いである。

私は何度か現地に足を運び、川中島周辺を歩いたり、車で回ったりした。現在、川中島の戦いの古戦場跡は八幡原史跡公園になっていて、武田信玄と上杉謙信が一騎打ちをしている像が立っている。当時に思いを馳せると戦国の浪漫が今でも蘇ってくるような気がしたのを覚えている。

さて、このときの戦いである。この戦いは戦国の名勝負の一つである。

1561年8月に、上杉謙信は善光寺平に約一万三千の軍で進出し、妻女山《さいじょざん》（『甲陽軍鑑』では西條山、長野県長野市松代町と千曲市土口にまたがる山）に本陣を構えた。海津城の城将・高坂弾正から狼煙によって報を受けた武田信玄は直ちに出撃し、陣を整えて海津城に入った。両雄は睨みあいに入り、膠着状態になったという。そのとき、信玄は勘助に打開策を尋ねた。

勘助は、啄木鳥の習性に目をつけた陽動作戦と絡めた挟み撃ちを献策した。いわゆる「啄木鳥《きつつき》戦法」である。当時、啄木鳥は木のなかの虫を捕ろうとするとき、正面から襲わず木の穴の反対側から嘴《くちばし》でつついて虫をびっくりさせて穴から這い出させ、虫が穴から出てきたところを捕らえて食べてしまう習性があると考えられていた。そのため、そのように命名されたようである。秘密作戦の一種の暗号名のようにも思える。

この勘助の策を採用した信玄は、二万の兵力うち別働隊一万二千に妻女山の謙信陣の背後を襲わせ、謙信軍が移動するところを八幡原に置いた残り八千の軍勢で待ち伏せて挟み撃ちにして、殲滅する作戦を立てた。

しかし、謙信はその日の夕刻に海津城から炊事の煙が盛んに立ちのぼるのを望見して信玄軍に不穏な動きがあることを察知したという。この辺は講談の名場面でもあるが、実際は、間諜として放っていた忍びの透波《すっぱ》の報告によって知ったのではないかと推察される。

いずれにせよ、勘助の献策したこの啄木鳥戦法は、謙信に見破られてしまった。

異様な雰囲気に気付いた謙信は、陣地をそのままにした。その上で、一万三千の謙信軍に、夜の間に静かに注意深く妻女山を下りるよう指示したという。そして、八幡原へ進出して陣構えを静かに整え、朝を待った。

夜が明けて濃くたちこめていた霧が晴れると、謙信軍が目の前に陣を構えていたので、信玄軍は驚愕した。急いで信玄軍は陣を立て直したが、時を置かずして両軍は激突した。あわてた信玄軍は謙信軍に圧倒されるようになり、窮地に陥った。作戦に失敗したことを悟った勘助は、別働隊が戻るまで少しでも長くもちこたえなければならないと思った。

また、二十年近い信玄の恩に報いるのはこのときだと、勘助は命を賭して力のあらん限り奮戦した。最後は、上杉軍の中に切込み、泥木（泥真木）明神付近で討死したといわれている。

外見にこだわらず、自分の才能を見出し、その努力を高く評価し、心を掛けてくれる信玄への報恩の思いがあったことだろう。別働隊が駆け戻って謙信軍を背後から攻めて劣勢を挽回したのを見届けて安心し、そして、責任をとる形で上杉軍に切り込み討ち死にしたようだ。この点は、史実として明らかではないが、勘助は感謝の心でそういう責任のとり方、軍師としての生きざまを飾ったのではないだろうか。

その後のことであるが、主君である武田信玄の恩に報いるために討死した勘助の徳を讃えて、この近隣の村人は泥木明神に勘助を合祀し、勘助宮と呼んだと伝承されている。山本勘助は、陣ヶ瀬東高畑《ひがしたかばたけ》に葬られ、そこには五輪塔が建てられた。ここは今でも「勘助塚」とも呼ばれているという。

十のサービスを受けたら十一を返す。その余分の一のプラスがなければ、社会は繁栄していかない。

——松下幸之助

CHAPTER

6

太原雪斎

An Excellent Diplomat

What Every Business
can Learn from
Strategists in History.

巧みな根回しと外交戦略

太原雪斎

1496－1555

今川義元の軍師。諱《いみな》は崇孚《そうふ》。太原雪斎は、闘う軍師・黒衣《こくい》の宰相と呼ばれた。駿河の臨済寺の事実上の開祖で、臨済宗妙心寺の三五世住持《じゅうじ》を務めた高僧である。家督争いである「花倉《はなくら》の乱」で義元を支え、深い信頼を得る。雪斎は度々、隣国の織田領に攻め込んで武功を挙げるとともに、甲斐の武田氏、相模の北条氏を交えた甲相駿《こうそうすん》三国同盟の締結も実現させている。桶狭間で義元が討たれる五年前に亡くなった。享年六〇歳。

太原雪斎と山本勘助

太原雪斎は、いわば、三足の草鞋《わらじ》（軍師、政治家、僧侶）を履いた人物で、すべてが一流だった。換言すれば、一流の三つの複線人生を歩んだ人物だ。一つでも一流になるのは大変なのに、三つについて一流になるのだから、その力量、人間力たるや当時日本屈指の人物と言っても過言ではないだろう。

太原雪斎の父は今川家の譜代の重臣・庵原左衛門尉政盛《いはらさえもんのじょうまさもり》で、母も同じく今川家重臣の興津《おきつ》藤兵衛正信の娘である。

庵原氏は駿河庵原（現在の静岡市清水区あたり）周辺を治める一族で、藤原秀郷《ふじわらひでさと》の系譜といわれている。

武田信玄の軍師、山本勘助が客分《きゃくぶん》的に身を置いていたとされるのが、庵原城主の庵原安房守忠胤《あわのかみただたね》のところである。忠胤は山本勘助の義理の従兄弟ないし親戚だったと伝わる。ちなみに、庵原安房守忠胤の義叔父が太原雪斎である。その意味では、太原雪斎と山本勘助は親戚関係にあり、お互いの存在を知っていたことだろう。

太原雪斎と今川義元との人生の縁《えにし》

私は若い頃、静岡によく行く機会があり、駿府《すんぷ》城をはじめ、神社仏閣など様々な史跡や名勝を見る機会を得た。静岡では太原雪斎、今川義元、北条早雲、徳川家康、徳川慶喜《よしのぶ》などの事績を追った。沼津、興津《おきつ》、清水、藤枝、焼津《やいづ》などにもよく足を運んだ。

今川義元の今川館は駿府城あたりだといわれていたが、実際はどうなのだろうかと調査したこともあった。太原雪斎や今川義元が四百年以上前にこのあたりを颯爽と闊歩していたかと思うと、やはり古《いにしえ》のロマンを感じたものだ。

また、北条早雲は室町幕府の財政・政務を所管する政所執事（長官）の名門・伊勢一族の伊勢盛時で、幕府の申次衆、奉公衆を務めていた。そこに姉の北川殿が今川義元の祖父・義忠の正室となったので、今川家と深い縁を持った。後に、北条早雲と呼ばれるようになる。

さて、太原雪斎は庵原左衛門尉政盛の嫡子《ちゃくし》でなかったので、出家して寺で僧侶として修行の道を歩むこととなる。太原雪斎の庵原家でも幼名などは伝わっていない。

当時の慣習として、地域の名刹の寺は嫡子や後継者候補でない次男、三男などの後継者予備軍の養成所的な教育機関であり、また、実家で何かがあった場合の後継者をプールする場でもあったといわれている。「一子出家すれば九族天に生ず」という言葉もある。

つまり「人殺しを仕事とし、ふだん殺生戒《せっしょうかい》を犯している武士が、子供の一人を仏門に入れ、一族を堕地獄《だじごく》の恐怖から逃れさせる」ということだ。

太原雪斎は、数えの十歳頃、駿河国の東部第一の寺と当時いわれた善得寺《ぜんとくじ》（現在の静岡県富士市）に入門。善得寺の住持の琴渓承舜《きんけいしょうしゅん》のもとで修行した。幼少から俊才の誉れが高く、将来を嘱望《しょくぼう》され、十四、五歳のときに、臨済宗建仁寺派の大本山・京都建仁寺に入った。高僧で龍泉院《りゅうせんいん》の常庵龍崇《じょうあんりゅうそう》（京都建仁寺二六二世住持）のもとで、九英承菊《きゅうえいしょうぎく》と命名され、修行に励み、めきめき頭角を表したという。

このように太原雪斎は一流の師のもとで学んだわけだが、いつの世も一流の人物になりたいと思ったら、当代一流の人物から学ぶことは重要だ。

太原雪斎の秀才ぶりが当主の今川氏親《いまがわうじちか》にも伝わり、今川氏親の五男・芳菊丸《ほうぎくまる》（後の今川義元）の養育係を要請された。芳菊丸は氏親と正室（公卿・権大納言の中御門宣胤《なかみかどのぶたね》の娘、寿桂尼《じゅけいに》（生年未詳～１５６８））との子供である。

太原雪斎は僧侶としての高みを目指してひたすら修行する身だったので、これを固辞した。しかし、親族などからの説得もあり、主君の三度目の要請の際には、受諾せざるを得なかったという。１５２２年、雪斎二七歳、今川義元四歳のときだった。

このとき、雪斎は五男の義元が今川家の当主になるなど夢にも思わなかったことだろう。何が起こるかわからないのが人智を超えた人生の不思議さである。太原雪斎は、義元の養育のために、京都での修行途中に駿河に戻り、再び善得寺で義元の面倒を見ながら修行に励んだ。

その後、氏親が１５２６年に亡くなり、十四歳の嫡男の氏輝が跡を継いだので、義元を本格的に修行させようと、再び京都建仁寺に入った。

氏輝がまだ幼かったので、母の寿桂尼が政務を補佐し、代行したという。「尼御台」と呼ばれ、のちに「女戦国大名」とも異名をとった。

さて、1530年、建仁寺の師である常庵龍崇によって芳菊丸の得度《とくど》（出家）の儀式（薙髪染衣《ていはつぜんえ》）を行い、義元は梅岳承芳《せんがくしょうほう》となった。太原雪斎の弟弟子《おとうと》になったのである。梅岳承芳（今川義元）は京都の五山文学などに学び、学識を深めていったという。

しかし、養育係としての太原雪斎はこれではいけないと考えたようだ。より実践的な禅を学ばせるべく、妙心寺の名僧・大休宗休《だいきゅうそうきゅう》（妙心寺二五世住持）の門を叩いた。また、妙心寺では中国の兵法書である孫子の兵法などの『武経七書《ぶけいしちしょ》』がよく読まれていたという。二人は、禅の修行をすると同時に兵法も研鑽したといえよう。

太原雪斎の今川義元を生涯支える関係と、ある面では、二人の長い師弟関係が生涯続くことになる。このままいくと、太原雪斎も梅岳承芳も臨済宗の高僧になったかもしれない。ところが、運命の歯車はしばらくして大きく回転することになる。

一流の漫画家になりたかったら、一流の映画を観て、一流の音楽を聴いて、一流の本を読め。

――手塚治虫

太原雪斎と花倉の乱

１５３６年３月17日、父の今川氏親の後を継いでいた嫡子の今川氏輝が死去してしまった。氏輝は二四歳だった。このとき、梅岳承芳（後の今川義元）は京都から呼び戻され、太原雪斎とともに富士の善得寺にいた。

氏輝の急逝を受けて、今川家で家督を相続する後継者争いが起こる。その戦いは、梅岳承芳と異母兄の玄広恵探《げんこうえたん》との間で起こった。いわゆる「花倉の乱」である。玄広恵探も僧籍《そうせき》に入っていて、遍照光院《へんじょうこういん》の住持だった。長幼《ちょうよう》の序《じょ》ならば、兄の玄広恵探が家督を継承するはずである。しかし、恵探は側室の子で、その側室の父は有力家臣の福島一族だった。兄の恵探は当然のごとく家督相続を主張した。

片や、梅岳承芳は正室・寿桂尼の子。実母の寿桂尼は我が子の承芳に家督を継がせるべく重臣たちに働きかけた。太原雪斎は承芳を補佐し、孫子の兵法の「戦わずして勝つ」ための方策を練ったに違いない。

雪斎は、今川家内部では寿桂尼と力を合わせて有力家臣を味方にするための説得工作、外交においては、北条氏の応援を頼むべくすぐさま行動したという。戦う前に多くを味方につけた方が勝つのは今も昔も変わらない。

その結果、重臣たちのほとんどが承芳側についたため、恵探は孤立してしまったという。また、承芳（義元）を還俗させ、本家ともいうべき京の将軍家に働きかけ、足利義晴将軍から偏諱《へんき》を賜り（将軍の名前から一字を与えられ）、義元と名乗らせた。

同年5月3日の大舘晴光《おおだちはるみつ》の書状には、今川義元の方に家督相続を認めたことが記されている。今川氏は足利氏の支族だったので、これで将軍家のお墨つきを得たわけだ。

ここで恵探側が勝算なしと引けば、ことは収まったであろうが、恵探側は家督相続に執着。承芳側と争う意志を鮮明にした。今川家内に大きな影響力を持つ前当主の正室で、氏輝の母の寿桂尼は、福島一族に最後の説得を試みたが、不調に終わってしまった。

そこで、今川義元となった承芳と寿桂尼は、まず岡部親綱《おかべちかつな》に命じて恵探が籠城する方ノ上城《かたのかみじょう》を攻撃。劣勢に陥った恵探勢は花倉城へ退却したが、親綱は手を緩めることなく花倉城にも攻めかかった。恵探勢はここも支えきれず、城外へ脱出。普門寺《ふもんじ》に入ったが、「もはやこれまで」と観念し、6月14日に自刃した。

こうして今川義元は異母兄とのこの家督相続争いに勝利し、今川家の当主となった。内外の根回しを行い、このような結果を呼び寄せたのは、雪斎の貢献が大きかった。この功績により、今川義元も寿桂尼もさらに雪斎を信頼し、政治、軍事における参謀、軍師として重用した。

「花倉の乱」での学びは、孫子の兵法の「戦わずして勝つ」工夫と「勝算」の有無を考えた冷静な出処進退の重要性であろう。

特に、「勝算」について孫子は、「未だ戦わずして廟算《びょうさん》するに、勝つ者は算を得ること多きなり。算多きは勝ち、算少なきは勝たず」という言葉を述べている。

戦う前に勝算、勝利の高い確率がイメージできないのに、実際の戦いで思うように事が運ぶはずがない。また、勝算がなければ、十全に体も心もついていくはずがない。

勝利への戦略ストーリーが明確に見えないならば、私情や感情は捨てて、冷静に忍耐、自制すべきである。そうすれば、またいつか違う展開が出てくる可能性がある。押しか退きか、その展開を明確に読んでいくことが重要である。

「いかに戦うか」は大局観にかかわるが、
その具体的な戦略は事前研究が決め手になる。
事前にしっかり準備して
万全の態勢で大局に臨んでくる人は手強い人だ。

——羽生善治

雪斎の功績

その後、雪斎は駿府臨済寺の住持として宗教的な影響力も持ちながら、今川氏の執政的立場で政治・軍事・外交に秀でた手腕で義元を補佐した。

さて、雪斎の功績といわれているものは多々あるが、資料を総合して考えてみたとき、主なものは次のようである。

①１５３７年、武田氏と婚姻同盟を締結。
②駿河東部における後北条氏との折衝。
③西三河方面での対織田氏に対しての総大将として行動。(『天野文書』など)
④１５４７年の田原城攻略。
⑤１５４８年の小豆坂《あずきざか》の戦いでも総大将として織田氏との争いを優位に指揮。
⑥１５４９年には安祥城《あんしょうじょう》を攻めて織田信広《のぶひろ》(織田信長の兄)を捕らえ、織田氏に奪われていた人質の松平竹千代《たけちよ》(のちの徳川家康)を今川氏のもとへと取り戻している。今川家の人質として駿府に居た頃、雪斎が家康の学問や軍学の師であったと伝えられている。ただ、今川義元のように、直接手とり足とり直弟子として日々指導したかどうかの

点については、確証となる書簡などはまだ発見されていないようである。
⑦1553年、今川氏の分国法である今川仮名目録追加二十一箇条を制定。
⑧1554年、武田氏・後北条氏との甲相駿三国同盟の締結を主導。

この他、雪斎は臨済宗を普及すると同時に、臨済宗を中心とした領内における寺社・宗教の統制や、在来商人を保護する商業政策なども行い、今川氏の隆盛に大きく貢献した。太原雪斎が「海道一の弓取り」といわれるようになる今川義元、今川家の最盛期を作り上げたといっても過言ではないだろう。

他方、中国の史書である『歴代序略』を印刷し、文化の発展にも貢献している。現在見られるのは1554年の出版で、「龍山雪齋書院刊《りゅうざんせっさい》」となっていて、国立国会図書館などで見ることができる。

人質・徳川家康奪回作戦

戦国の世は常に生死をかけた戦いの中にあった。まさに常在戦場である。いつ寝首をかかれるかわからない。徳川家康の父、三河の松平広忠《ひろただ》もその渦中にあった。

松平広忠は、尾張の織田信秀（信長の父）に三河安祥城を奪取され、存亡の危機に陥った。松平広忠はやむなく、１５４７年、駿河・遠江国の太守である今川義元に救援を要請した。

安祥城は徳川家康の祖父・松平清康《きよやす》の本拠地であり、岡崎城と共に西三河の拠点となる重要な城であった。これを失った痛手はあまりにも大きかった。広忠の救援要請に対し、庇護する見返りとして、今川義元は嫡子の竹千代（後の徳川家康）を引き渡すことを要求した。

広忠はこれを受諾し、六歳の竹千代を駿府に送る。しかし、駿府へ向かう途中、三河国田原城主の戸田康光によって拉致され、銭千貫文（あるいは、五百貫とも）で織田氏に売られてしまったのである。

織田信秀は竹千代を盾に織田家への服従を迫ったが、広忠は今川家に忠節を尽くし、拒否した。ところが、１５４９年3月、広忠は二四歳の若さで死去してしまったのである。

そのため、西三河の勢力バランスが崩れそうになってしまった。

そこで、今川義元は１５４９年11月、太原雪斎を総大将とする総勢二万の大軍を三河に送り込み、織田信秀の長男、信広（信長の兄）が守る安祥城を攻撃した。

この城攻めがはじまるときに、雪斎は人質交換戦略を考えていたので、「城主信広を殺すな。生け捕りにせよ」と厳命したという。城攻めを行い、追い込みつつも、信広が自刃するのを巧みに防ぐような戦いの展開をさせたようだ。

その結果、城を落とすと同時に、見事に城主の信広の生け捕りに成功した。信広を生け捕りにした雪斎は、織田信秀に書状を送りつけ、拉致されていた竹千代との人質交換を要求した。

信秀もやむなくこれを了承。11月10日に尾張国の笠寺《かさでら》で両者の人質交換がなされ、竹千代は駿河・今川氏の人質となったのである。

三河の松平氏の領土を今川氏の支配下に置き、また、松平氏家臣団の勢力を円滑に取り込むためには、竹千代を人質として手元に置いておく必要があった。現代のM＆Aと似ているものがあろう。

この安祥城で勝利し、そして、竹千代を奪還したことによって、今川氏の西三河における勢力基盤はより確固なものとなった。まさに軍師・太原雪斎の深謀遠慮といえよう。

一方、人質とはいえ、雪斎は竹千代を自分の従事する臨在寺にて大切に指導・育成した。その結果が後に花開き、徳川家康という器量人を作り、二六〇年余も続く徳川幕府の礎となったといえるかもしれない。

いつの世も人は生き残るために必死である。そのため、反抗、裏切り等々も起こり得る。その意味で、時代は違えど、危機管理、リスクマネジメントは重要である。

特にフランチャイズチェーンの場合は、ＦＣ本部と加盟店が独立の企業同士の契約であるために、その配慮が重要である。契約書のみならず、実質面の信義、信頼関係をどこまで強固に構築できるかが勝負である。

また、どのようにして勢力を拡大していくか、そのエリアの支配を円満に確立していくかの戦略、いわば現代のＭ＆Ａ戦略などは、雪斎の知略が大いなるヒントとなろう。

せっぱつまってやむを得ない事情やメリット、対等の交換条件がない限り、人は譲歩しないのは戦国の世も今も変わらない。

危機管理の基本は、悲観的に準備し、楽観的に対処すること。

——佐々淳行

日本の警察官僚。危機管理評論家。

目的を達成するためのアライアンス戦略

太原雪斎の功績としてもう一つ特筆すべきは、1554年に締結されたいわゆる「甲相駿三国同盟」の締結であろう。

甲相駿はそれぞれ甲斐・相模・駿河を指し、三者の協議によって合意され、当主の承認を得て締結された。この同盟の締結時に、今川義元・武田信玄・北条氏康の三者が善徳寺に集って会合したという伝説から「善徳寺の会盟」とも呼ばれている。

しかし、実際には太原雪斎の働きかけによって甲斐・相模・駿河の重臣が集まって同盟を結んだと解されている。

甲斐では、信玄の御一門衆《いちもんしゅう》の穴山氏、宿老《しゅくろう》の板垣信方《いたがきのぶかた》、小山田氏、駒井高白斎《こまいこうはくさい》が関わったのではないかといわれている。

ここに至るまでは、長い年月が必要だった。甲相駿三国は近隣で国境を接しているので、それぞれ戦争と和睦を繰り返していたが、各々の必要性からこのとき利害が一致し、同盟関係が成立した。しかしながら、永久的に同盟関係が安定というものではないので、細心の注意を払いながら同盟関係を維持していかなければならなかったといえよう。

いずれにせよ、東国の情勢に大きな影響を及ぼした戦国屈指の特筆すべき同盟であることは間違いないだろう。

この三国の同盟は、当主である今川義元、武田信玄、北条氏康の娘がお互いの嫡子に嫁ぐ婚姻同盟として成立した。すなわち、1552年、今川義元の娘嶺松院《れいしょういん》が武田信玄の子武田義信に、1553年、武田信玄の娘黄梅院《おうばいいん》が北条氏康の子北条氏政に、1554年、北条氏康の娘早川殿《はやかわどの》が今川義元の子今川氏真に、それぞれ嫁いだのである。


では、このとき三者の利益は何だったのだろうか？明確な利益がなければ、その絆は弱いし、継続しないものだ。いつの世でもアライアンスの場合には、双方、三者それぞれの明確な利益、思惑が合致していなければならない。

義元と雪斎は、西に織田家、東に北条家と、東と西に敵を持つことは戦略上好ましくないと考えた。そこで武田・北条両氏との関係修復と強固な絆作りのために新たな盟約を締結したいと考えた。

そうすれば、争う相手を織田氏のみに絞ることができ、戦力が分散しないなど、戦略的なメリットを最大化することができる。また、今川氏が事実上支配している三河の経営などにも有益に機能する。

他方、武田氏では後顧の憂いなく信濃の攻略に力を集中することができた。信濃における覇権を確固たるものにするため、１５５３年から始まった川中島の戦いで越後の上杉謙信と対戦したときにも、援軍などで有利に働いた。

また北条氏では、三国同盟により、北条早雲以来の今川氏との友好関係を取り戻すと同時に、北武蔵侵攻において上杉謙信という武田氏と共通の敵を持つことで、後背の憂いをなくすることができた。その結果、佐竹・宇都宮・長野・里見などに対して関東の平定に力を集中することが可能となった。

太原雪斎は今川義元に武田氏・北条氏との三国同盟の重要性を説き、自ら出向いて武田信玄と北条氏康を説得したとされる。それには、僧侶としての立場や臨済宗妙心寺派のネットワークが有効に機能したといえるだろう。当時の国々を通行する場合には、権力や俗界とは無縁の世界に生きる僧侶はほとんど自由に通行することができたことが有益に働いた。

それにしても、国を思う、今川家を思う太原雪斎の純粋なまでの忠誠心と行動力には頭が下がる思いがする。

そして、なぜ三者の会談の場として善得寺かというと、駿河・甲斐・相模の三国が境を接する所に近く、権力から中立である名刹の寺院が相応しいと考えたからであろう。

それがたまたま善得寺だったのか、あるいは、自分自身が修行した縁が深い善得寺を斡旋したのか定かではないが、戦国に燦然と輝く三国の平和協定を実現することによって、それぞれがさらに発展していく礎を作り上げた。

いつの時代も、将来の成長戦略を描き、良い戦い方をするには、利害が一致する良いアライアンスが原動力となり、また、必要だということの証左であろう。

戦いと和平を繰り返す、微妙なパワー・バランスの上で成り立っている関係性のときに、それぞれの利害を見抜いて三国同盟を見事に成立させたこのケースは、現代の我々にも大いなるヒントを与えてくれるのではないだろうか。それぞれの構成要素に因数分解して分析し、活用したいものである。

以上のことから、太原雪斎には、僧侶としても、軍師としても、政治家としても一流という冠に加えて、一流の交渉人としての冠も与えたいと思う。

相手を説得するために正論など持ち出してはいけない。相手にどのような利益があるのかを、話すだけでいい。

――ベンジャミン・フランクリン

アメリカ独立宣言の起草委員の一人。物理学者で発明家でもある。

CHAPTER

7

片倉景綱

A Mirror of His Lord

What Every Business
can Learn from
Strategists in History.

時に主君の手本となり、盾となる

片倉景綱

1557－1615

片倉景綱は智勇兼備の武将で、通称は「小十郎《こじゅうろう》」。伊達政宗の右腕で、外交交渉のほとんどを取り仕切っていたといわれている。後世において上杉家の「直江兼続」とともに天下の二大陪臣《ばいしん》といわれる。伊達家中では「武の伊達成実《だてしげざね》」と並んで、「智の片倉景綱」と呼ばれた。人取橋《ひととりばし》の戦いをはじめ、摺上原《すりあげはら》の戦い、小田原の役、朝鮮出兵、関ヶ原合戦など、政宗の主要な合戦の大半に参加。小田原の役の際は、豊臣秀吉方に参陣するように促した。奥州仕置の際に、秀吉から五万石で直臣に誘われたが、丁重に断ったという。一万三千石の白石城主として政宗に生涯忠誠を尽くし、天寿を全うした。享年五九歳。

主君のために直言する

景綱の父親は米沢八幡の神職《しんしょく》・片倉景重で、出羽《でわ》・置賜《おきたま》郡（現在の山形県米沢市や長井市など）で1557年に景重の次男として生まれた。

片倉家は置賜の有力な土豪だったが、景重も次男だったので神職となっていた。景重の長兄で景綱の叔父の片倉景親（意休斎《いきゅうさい》）は、伊達家の軍奉行などを務めた有力家臣だった。

さて、景綱であるが、次男だったため、一時期養子に出されたりした。しかし、養家に実子ができたため実家に戻され、その後、政宗の父の伊達輝宗の徒小姓《かちこしょう》に召し出されたという。伊達輝宗の重臣・遠藤基信《えんどうもとのぶ》から推挙されて、1575年、数えの十九歳のときに梵《ぼん》天丸《てんまる》（後の伊達政宗）付きの家臣、傅役《もりやく》となったといわれているが、おそらく景綱の器量を見込んだ輝宗が重臣の遠藤基信と諮《はか》ったのであろう。片倉家の正史である「片倉代々記」には、遠藤基信が「後来《こうらい》国家の大器たるべし」と景綱の将来性を高く評価したと記されている。

政宗の学問の師として臨済宗妙心寺派の高僧・虎哉宗乙《こさいそういつ》禅師（1530～1611）が招聘《しょうへい》されていたが、景綱は政宗より十歳年長だったので、政宗にとっては信頼のおける家臣であると同時に、良き兄のような存在であったろう。共に虎哉禅師の薫陶を受けたものと思われる。また、景綱には二十歳年長の姉の喜多《きた》がおり、彼女も乳母（養育係）として梵天丸の成長に多大な影響を与えた。その意味で、伊達政宗という人間の基本型は、虎哉禅師とこの片倉姉弟によって形成されたといっても過言ではないだろう。

政宗の梵天丸時代の逸話として有名なものに次のような話がある。

梵天丸は疱瘡《ほうそう》を患った後、右眼を失明して肉が醜く盛り上がっていたため、ひどく気弱で暗く内向的、消極的になっていた。

あるとき、景綱は他の者が決して触れようとしない梵天丸の右目のことに対し「そのように飛び出した状態では敵の手につかまれたら大変です」と直言したという。見ていた周りの者は「あっ」と驚き、景綱は梵天丸に斬られるのではないかと思ったようだ。

しかし、景綱を信頼する梵天丸は景綱にこういった。

「ならば、この右目を切ってくれ、そうすれば敵につかまれる心配はなくなる」。

景綱は小刀を手にとり、一瞬にしてたれ下がるように盛り上がった部分を切り取ったという。

このエピソードが史実として真実かどうかは定かではないが、梵天丸と景綱の深い信頼関係と主従関係の一つの表象といえよう。主君（政宗）のコンプレックスを何としても取り除こうとする景綱の強い忠義心が伝わってくる。

ちなみに、伊達家の『性山公治家記録《じけきろく》』にも、「（右眼が）甚醜シトシ玉ヒテ近侍ノ輩ニ衝潰スヘキ旨命セラル。恐テ従フ者ナシ。時ニ片倉小十郎景綱小刀を以テ衝潰シ奉ル」と同様の記載がある。政宗のことを心から思って、いわば鬼手仏心《きしゅぶっしん》（外科手術は体を切り開き、鬼のように惨酷に見えるが、患者を救いたい仏のような慈悲心に基いている）の思いで、患部に大胆にメスを入れ、政宗を救ったといえよう。

このことは現代のビジネスでも必要な考え方ではないだろうか。会社を良くするために患部に大胆にメスを入れること、直言、諫言することは、経営コンサルタントの重要な職務の一つである。もちろん、言葉を選びながら、丁寧に直言することはいうまでもない。

君子は人の美を成し、人の悪を成さず。

『論語』

君子とは、人の成功を願い、困っている人に手を差し伸べられる人のことです。

景綱、政宗の身代わりになる

景綱は、文武両道で軍学にも長け、弓を得意としたといわれている。また、戦陣にも論語などを持参して、常に研鑽に努めていたという。景綱の愛読書として『七家抄』と『深蕘抄《しんこうしょう》』が現代に伝わっている。

他方、篠笛が得意で、愛用の名笛・潮風は陣中にあっても懐に携え、ときに戦場においいて皆の心を慰めるために吹いていたようだ。なかなかの風流人でもあったといえよう。

さて、１５８５年11月、政宗が家督を継いだ後のはじめての大きな合戦が「人取橋《ひとと りばし》の戦い」である。これは伊達家を潰そうとする会津の葦名《あしな》氏らの連合軍三万との戦であった。戦いは、伊達軍が劣勢に立たされ、勢いに乗った敵が政宗のすぐ近くまで押しよせ、政宗が危機一髪に陥ってしまった。そのとき咄嗟に景綱は「わしが伊達政宗だ」と名乗り、「景綱！退くな！政宗がここについておるぞ！」と大声で叫んだという。

敵は本物の政宗を攻める方向を転じて声を上げた景綱めがけて殺到した。景綱は敵軍を自分のところへ一斉に呼び込ませることによって、命をかけて政宗を救ったのだった。

政宗の生涯で最も激しい戦いであったといわれるが、側近《そっきん》を務める者の役目とはいえ、その捨て身の忠誠心と私心を捨てた戦いぶりは見事であったといえよう。この点も片倉景綱を見習うべき点だろう。

その意味で、経営コンサルタントとしての私も、また、経営者としての私も、純粋に（クライアントの）企業のために無私の心で全力を尽くすことを最も重要に考えている。

歴史や歴史上の優れた人物は、現代のビジネスにおいても、生き方、働き方においても様々な大きな示唆を与えてくれる。

そのために死ねる何かを見つけていない男は生きるのにふさわしくないのではないか。

――キング牧師

独眼竜政宗、天下の副将軍に

ここで景綱の主君である伊達政宗（1567年〜1636年）を少し紹介しておこう。なぜなら、景綱なくして政宗はないと考えられるからである。

奥州の覇者といわれるようになった政宗の政治や戦略・戦術のほとんどを景綱が陰に陽に支えたといっても過言ではないかもしれない。まさに政宗の栄光や事績は、そのまま手足となって、また右腕となって支えた景綱の事績といってもいいだろう。景綱は軍師や参謀という職務にとどまらず、伊達家の外交の窓口（取次）・外交官として重責を担うとともに、武将としても、一時期、財政の税徴収の統括責任者としても政宗を支えた。

さて、伊達政宗は、奥州の覇者ともいうべき乱世の雄であり、後に独眼竜という異名もとった。

独眼竜とは、中国の唐（後唐）の始祖、李克用《りこくよう》（８５６年～９０８年）が、片目が不自由でありながら用兵の天才であったことに由来する。李克用が黒い服装で身を固めた黒鴉軍《こくあぐん》と呼ばれる軍隊を率い、独眼竜と呼ばれ恐れられたという故事がある。

戦国時代において、意欲ある武将は皆、領土拡大を虎視眈々と狙った。なかでも政宗は自分自身が納得するまで、天下を狙う野心を持ち続けた逞しき勇将だ。天下人とすれば油断ならざる人物であったことは間違いないだろう。

そのためか、秀吉、家康から数々の嫌疑も受けた。約束された報償の石高を反故にされたり、あるいは減らされたり、降格されたりもした。その度に、政宗は不屈の精神で生き抜いたのだ。問題はあったが、味方につけておきたい魅力のある武将だったのだろう。

晩年、天下を諦めた後は、徳川家に忠誠を誓った。最後は、三代家光の副将軍的な後見役的地位まで与えられた。

１６２６年、後水尾天皇の二条城への行幸の折、将軍家光は政宗を含む諸大名を伴い二条城へ参内した。このときの政宗の身分は従三位権中納言《じゅさんみごんちゅうなごん》だった。駿河、尾張、紀伊の三家は大納言、水戸、前田、島津の三家は中納言である。行進するときの馬に付ける総《ふさ》の色には古くからの慣例があり、大臣と征夷大将軍は紫色で、大納言および中納言は赤色とされていた。駿河、尾張、紀伊、水戸は一門であることを理由に紫の総を願い出たが、家光は了承しなかった。それにも関わらず、家光は外様大名の政宗に紫の総の使用を認めたという。それは家光の政宗への信頼だけでなく、彼のような人物が家光の後見であるという重し、そして、徳川幕府の盤石さを朝廷、諸大名に誇示する狙いがあったのではないだろうか。

仁に過ぎれば弱くなる。義に過ぎれば固くなる。礼に過ぎれば諂《へつら》いとなる。知に過ぎれば嘘をつく。信に過ぎれば損をする。

伊達政宗

人を思いやる気持ちが強くなると意見も言えなくなる。正道ばかり強調すると頑固になる。礼も過ぎれば無礼になる。弁が立つ人は、ともすると騙そうとする。信用し過ぎると裏切られる。

戦国最高のプレゼンテーション

さて、景綱と政宗のエピソードは多々あるが、その白眉は小田原参陣への遅参《ちさん》のときのものであろう。景綱が軍師・参謀として最も知略を発揮した外交問題ともいえる。

秀吉はその時期、すでに「関東奥両国惣無事令」という、関東・奥羽における領土争いの私戦を禁じる法を出していた。そして、二十万余の大軍をひきいて北条氏政・氏直父子の小田原城を包囲し、政宗にも事前に参陣せよと要求してきていた。

伊達家ではこの命令を拒否し、徹底抗戦しようと主張する伊達成実を中心とする主戦派と、景綱を中心とする少数の恭順派にわかれて大議論になった。そのため、3月18日の夜、政宗は密かに景綱の屋敷を訪ね、寝室まで入っていき景綱の真意を確認した。二人だけの密談が行われたのである。

このときのことを『片倉代々記』では次のように述べている。景綱はこう答えた。「関白・秀吉の勢いは、夏に生じる蠅のようなものでございます。一度に二百、三百を叩きつぶしても二、三度は防ぐことができるかもしれませんが、それにも増して生じ来て、ついには抗うことができなくなってしまいます。それがわかっていて、いま、関白の勢いに敵対するならば、伊達家は運が尽きてしまいます。いまや伊達家は危急存亡の瀬戸際なのでございます。それがおわかりになりませんでしょうか」。

これで政宗は参陣を決意した。ただ、いざというときのために黒川城に伊達成実を残した。5月9日、政宗は黒川城を出発し、越後を通るなど遠回りをして、6月5日に小田原に到着した。伴《とも》は景綱と百騎ほどだった。

しかし、小田原攻めが始まってから二カ月以上過ぎており、完全な遅参だった。秀吉が激怒するのも当然であった。秀吉は政宗の謁見を許さず、箱根の底倉という場所に政宗を幽閉した。日を置かずして、前田利家、浅野長政、施薬院全宗らの詰問使が使わされた。政宗は景綱と事前に策を練り、彼らに懸命に申し開きをした。

そんな中、政宗は突拍子もないことをいい出した。

「この小田原にはかの有名な千利休殿もおいでになっているとのこと、願わくは天下の茶人に一度お目通り願えないであろうか」と懇願したのだ。

詰問使たちは内心さぞ驚いたことだろう。政宗からしてみれば、秀吉の性格を考えて景綱と練った、秀吉の心を動かそうとする緻密な計算だった。

果たして、その話を聞いた秀吉は「明日の命もわからぬ者がそんなことを……」と政宗の図太さに感心し、興味を持った秀吉は政宗を呼ぶことにした。

6月9日、秀吉が陣所で待っていると、白装束に身を包み、髪を下ろした片目の若き政宗が現れた。政宗の一世一代の謝罪のプレゼンテーションだった。

しかし、皆は口々に「なんだその格好は、不吉であるぞ」となじった。それを見た秀吉はニヤッと薄笑いを浮かべ、政宗を手招いた。秀吉の目の前に平伏した政宗はこう言い放った。「いつでも首を刎ねられる覚悟の気持ちの白装束でござる」。秀吉は厳しい顔で「そうか、なんとも小気味のよい奴だ。もう少し遅ければここが危なかった」と言いながらピシャリと手に持っていた杖で政宗の首を叩いた。このとき政宗は生きた心地がしなかったといわれている。

しかし、そんな政宗を秀吉は気に入ったようで、謁見が終わってからはわざわざ小田原攻めの陣立てを説明した。また翌日には、茶会に政宗を招待したという。この日を境に政宗は秀吉へ忠誠を誓うと同時に、「天下は広い」と自分自身のさらなる成長への闘志を燃やすようになったといわれている。

このエピソードは、絶体絶命、一か八かの時には、時に腹をくくった意表をつく演出の重要性を示しているといえよう。皆様も政宗の白装束のエピソードを思い出し、雄々しく逞しくピンチを乗り切っていただきたい。そして、政宗流のピンチをチャンスに転化する仕方を学び、更なる成長・飛躍のきっかけにしていただきたい。

仕事は命がけでやれ。丸くなるな、尖れ。

渡辺捷昭
トヨタ自動車第5代社長

CHAPTER

8

本多正信

A Hated Person

What Every Business
can Learn from
Strategists in History.

出戻りでも信頼を得た、
徳川一の嫌われ役

本多正信

1538－1616

徳川家康に仕えた江戸幕府初期の老中。若い頃に家康と一向一揆の戦いがあった際、一揆方に味方して出奔《しゅっぽん》。その後、諸国を放浪し、本能寺の変の前後に家康のもとへ帰参する。武田氏遺臣の取り込みや、豊臣秀吉死後に家康が天下獲りへ動き出した頃から、数々の謀議に加わった。徳川家康に忠義を尽くしたナンバー2であり、参謀型の軍師の典型。享年七七歳。

徳川幕府確立の最大の功労者

戦国乱世を終息させ、徳川幕府による二六〇年余の太平の世、平和な時代を築いた英雄・徳川家康の腹心が本多正信である。

「人となり深沈膽略《しんちんたんりゃく》（落ちついて動じず大胆で知略がある様子）あり。明察果断《めいさつかだん》（はっきりと事態を見抜き、思い切った決断ができるさま）一時比なし」（『名将言行録』）と評された。

徳川幕府確立の最大の功労者と評価して良いだろう。しかし、『徳川実記《じっき》』や『三河物語』などによれば、その評判はあまり良くない。

特に、徳川家の武功派（武断派）の家臣達からは嫌われ、佞臣《ねいしん》、奸臣《かんしん》呼ばわりされたようだ。権力闘争をするライバルや敵対する側からは悪く、時には極悪非道のようにいわれるのは世の通例ではあるが、それは文治派の優れた吏僚《りりょう》（役人）、行政官僚ゆえの一つの宿命といえる。

現代でいえば、現場のたたき上げの営業の幹部たちが、現場の苦労を知らない管理部門の経営企画や総務、経理の幹部を非難するのに少し似ているのではないだろうか。

同族で徳川四天王の一人である本多忠勝《ほんだただかつ》からは「佐渡の腰抜け」（正信の官命が佐渡守《さどのかみ》であることから）、「同じ本多一族でもあやつとは全く無関係である」と散々な言われ方をしている。

また、忠勝と仲の良かった同じく徳川四天王の榊原康政《さかきばらやすまさ》からは「腸の腐った奴」と酷評されたといわれている。

確かにそのようにいわれても仕方ない側面もあったのかもしれないが、家康からは兄弟のように信頼されていて、いささかもその信頼が揺らぐことはなかった。いつの時期からかは明確に特定できないが、ある時期から、家康に「友」と呼ばれる唯一の家臣だったともいう。家康と正信の間柄は「君臣《くんしん》の間、相遭《あいあ》ふこと水魚の如し」ともいわれた。

『名将言行録』などによれば、家康の寝室に帯刀したままでの出入りが許されていたともいう。それは通常ありえないことなので、その信頼のほどがしれよう。地位的には、徳川幕府の年寄（老中）、後には、大老格の年寄にのぼったという。

表裏一体という言葉があるが、人にも表と裏、陽と陰がある。徳川家康と本多正信は、阿吽の呼吸で、そういう表裏一体の関係だったのではないだろうか。この裏の部分、特に、悪役、憎まれ役、政務や謀略などの汚れ役を一手に背負って忠義を尽くし、徳川幕府確立に邁進した文治派の吏僚、参謀型の軍師が、本多正信といえるだろう。

また、トップというのはいつの時代も孤独なものである。その心をよく読んで、正信は家康を支え続けたといえよう。

それにしても、ある時期、つまり、１５６３年の三河一向一揆の反乱のときに正信は一向宗の一揆側の参謀的立場で、家康に敵対したことがあった。それにも関わらず、なぜそのような信頼を得られたのであろうか。これが一つの謎である。しかしそれはきっと家康の度量と本多正信の努力の相関関係、相互作用のゆえだろう。

鷹匠《たかじょう》という下級武士だった正信は、三河一向一揆後、妻子を残して出奔する。それは数えの二六歳の時だった。その後、松永弾正久秀《まつながだんじょうひさひで》に仕え、『藩翰譜《はんかんふ》』では加賀国に出向いて石山本願寺と連携し、織田信長と戦っていたとも伝えられている。

いずれにせよ、1570年頃に、重臣の大久保忠世《おおくぼただよ》のとりなしで、三二歳頃で帰参するまでどこで何をしていたかは定かではない。しかし、この約七年間の他家への仕官《しかん》（いわば転職）も含めた流浪ともいうべき期間が、本多正信の生き方の骨格を作ったといえそうだ。

ある時期は、失意のどん底に陥ったかもしれない。また、良き主君を求めて、全国をくまなく歩いて、研鑽に励んでいたかもしれない。何を見て、何を学んだのであろうか。

その中で、人生や生き方について思索を深めたことだけは間違いないだろう。後の活躍から推理するならば、諸国遍歴《へんれき》の経験を積む中、広い視野や情報分析力、勝利のための戦略力や戦わずして勝つ戦い方などを身につけたと考えられる。もしかするとその素養は、鷹匠《たかじょう》（鷹を訓練する役）の時に、身につけていたかもしれない。

鷹狩は、鷹匠が訓練した鷹を主君（正信の場合は、家康）が手に止まらせて待ち構え、勢子《せこ》が四方八方から獲物を追い立て、走りこんできた兎や飛び立った雉、鶴その他の鳥を目がけて鷹を放ち捕まえさせる狩りで、中央アジアないしモンゴルが起源という。鷹狩は、数十人、多いときには、数百人の勢子を指揮して獲物を追い込むので、戦の指揮の訓練になるとして、当時の武将の嗜《たしな》みとされていた。獲物を狙い、俊敏に捕獲する様は、正信の心に獲物の狙い方や戦略を焼き付けていたのではないだろうか。

ところで、家康は鷹狩《たかがり》が大の好みだった。数多《あまた》の戦国武将で最も鷹狩が好きだったといっても過言ではないだろう。家康は白鷹を特に好んだようだ。他にも、孫の三代将軍家光は、将軍在職中に数百回の鷹狩を行ったと伝えられている。

鷹は寿命が長く、調教した鷹はインコよりおとなしいという。家康に手乗りする眼光鋭い鷹を見ながら傍に控える鷹匠の本多正信の若き日の姿が想像される。身分は低いが、鷹匠は主君と直接話ができる立場だった。当時から、家康と正信は心が通い合っていたのかもしれない。

さてそのような七年ほどの放浪の中で、正信は、やはり自分が仕えるのは徳川家康しかないと心に定めたのであろう。これ以降は、何があっても二心なく、家康に尽くそうと思ったに違いない。正信は、1570年の朝倉・浅井連合軍との姉川の戦いの前あたりに帰参したとされる。正信は、家康の帰参の許しにきっと涙したことだろう。

他方、そのとき与えられた仕事は何だったのだろうか。いずれにしろ、帰り新参であり、当時は武功《ぶこう》や武名《ぶめい》などの何の手土産もなく、肩身が狭かったであろう。いずれにしろ、下級家臣としての再雇用でのスタートだった。それは、現代的にいえば、キャリア・クライシスからの復活への第一歩と言えよう。

その当時の本多正信のことを評した松永久秀の興味深い言葉が残っている。松永は戦国の梟雄《きょうゆう》といわれた油断も隙もならない人物だった。ところが、「徳川の侍は多く武勇の輩であるが、正信は強からず、柔らかならず、また卑しからず、世の常の人ならず」と正信の才幹を高く評価していたという。これは、鷹匠時代に自然に身につけた戦略眼や思慮深さ、優れた身のこなしが自ずから醸し出されていたのではないだろうか。

正信が帰参してのち、家康が正信のその才幹をいつごろから認めたのか定かではないが、身近に接する中で、その成長ぶりに括目したのではないだろうか。いずれにしろ、一歩一歩信頼の度を増していき、家康の懐深くに入ったに違いない。

一芸は万芸に通ず。

一つの事を極めていくと、他の事柄にも通じる精神を理解できるようになる。

——**世阿弥**

本多正信のSWOT分析とサバイバル手法

さて、正信は帰参にあたって、何を考えたのだろうか？ あるいは、帰参して徐々に考えるようになったことは何だろうか？

意識するとしないとにかかわらず、徳川家の中で、どのようにしたら生き残っていけるだろうかと、徳川家における自分のポジショニングとSWOT分析を行ったのではないだろうか。仮説であるが、正信の立場に立って、少しSWOT分析を整理して見てみよう。

（SWOT＝Strength：強み、Weakness：弱み、Opportunity：機会、Threat：脅威）

これは現代でも、キャリア戦略を考える場合や転職した場合に、付加価値を作る際の参考になろう。

S：強みとしては、他の組織や諸国の政治・経済のやり方などを見たことによる広い視野と経験、それにもとづく情報分析力＆情勢判断力があったのではないか。また、それらを駆使することで戦略構想力などの戦略立案能力も、プロパーの人間や武功派の人間よりも優れているのではないか。

自分は徳川一辺倒の純粋培養の人間ではないので、他人の冷たい飯も食い、広く世間を見ていて、大局的な幅広い見方が客観的にできる。だから他よりも多角的な角度から正確な分析や判断、対応ができる。これも自分の特徴であり、強みではないか。

W：弱みは、忠誠心に疑いが持たれ、徳川一辺倒の家臣から様々な反発があることである。一度は家康に反抗し、出奔した家臣であり、他家へ転職や放浪した後で徳川家に戻ってきた「帰り新参」であるので、非常に肩身も狭い。自分の「分」というものも考えなければならない。同時に、徳川家を含め武士の世は、武力を背景とした軍事政権なので、その辺のところをよくわきまえなければならない。

正信は、自分はこの戦国の世において、戦人《いくさびと》、武士としての戦闘力が弱い。この点は素直に認めなければならないと考えたであろう。では、どうすればよいか。

O：機会は、戦以外での活躍である。徳川（家康）家が大きくなると、合戦での実際の戦闘能力も大切だが、徐々に内政の統治力、行政能力、管理部門の能力が重要になってくる。自分は戦闘力、武将力が劣るので、戦わずして勝つ（いわば、アライアンスや友好的なM&Aを実現していく）戦略力や交渉力など、戦以外の面で勝負しよう。

また、天下が統一されれば、戦闘能力よりも文治の統治能力が重要な時代に変化し、自分にチャンス（機会）が生まれてくる。それまで己を高め続け、日々の仕事に邁進しよう。時代が要請するキャリアというものを考え、未来の環境変化を正信はよんだ。

Ｔ：脅威は、武断派の有力家臣やプロパーの家臣に嫌われて、いつ何時足を引っ張られるかわからないという点だ。この点の危機管理をしなければならない。一番は、仮に出世しても、大きな禄を貰わないようにしなければならない。それが、脅威を克服する大きな要素となるだろう。

本多正信はＳＷＯＴ分析をもとに自分の仕事術、生き残り方法を決定したことだろう。そして、どうやって徳川家康にとってなくてはならない人間になるかを考えたのだろう。その方法はおそらく、次のようではなかったか。

①不得手の合戦での戦闘能力で勝負するのではなく、自分の得手、得意を生かす。自分は文治派の優れた行政官、吏僚となって、内政の（行政）能力、政治力で徳川家に貢献する。また、「治国平天下」に貢献する。それが、自分の戦場である。
②戦いにおいては、現実の戦闘や武功で勝負するのではなく、鷹のように天高く俯瞰しながら、その鋭い目と爪をもって虎視眈々と獲物を狙うがごとく、戦わずして勝つための方策や戦略、交渉力、謀略で勝負する。そのようにして、徳川家に貢献する。
③人が嫌がる仕事やどんな小事でも喜んでしよう。人の嫌がる仕事をすることによっ

て、徳川家に誰よりも忠義を尽くし、貢献する。特に、悪役や憎まれ役、汚れ役をする人間が必要になった場合は、自分が率先垂範し、泥をかぶる。それにより、主君・家康に報いる。

この思案が正信の中で形になったときに、腹が決まり、誰に何と言われようと、これで行くと決めたはずだ。これなら誰にも負けない、と思ったことだろう。

天才には99%の努力と1%のひらめきや才能が必要というけれど、自分には1%もない。それを知っているのが自分の強みだ。

——北野武

足るを知る仕事術

1582年、本能寺の変後に、家康が旧武田領を支配下におくと、正信はその奉行に抜擢された。正信の幅広い経験や視野、忠誠心が買われた結果といえよう。

正信は、甲斐・信濃の統治に手腕を発揮し、武田家臣団の精鋭を徳川家臣団へ取り込むことにも力を尽くした。その後も、吏僚として着実に仕事を重ね、家康の信頼を獲得していった。

1586年、数えの四九歳のときには、正信は従五位下《じゅごいのげ》、佐渡守に叙位《じょい》・任官されるという栄に浴した。正信の献身的な努力が認められ、名実ともに徳川家の幹部に栄進したのである。

1590年、豊臣秀吉が小田原の後北条氏を征伐。これによって、ほぼ百年に及ぶ戦国の世が終息し、武断政治から文治政治へと時代が大きく動いた。本多正信が力を発揮する時代に入ったといえるだろう。

これと期を同じくして、家康は先祖伝来の三河から関東六か国二五〇万石余に転封、江戸に入った。関東は未知の地であったので、新領地の経営体制を確立しなければならなかった。このとき、正信は関八州《かんはっしゅう》庶務奉行（関東総奉行）を命じられるとともに、相模国玉縄《たまなわ》で一万石を与えられて大名に列せられた。数えの五三歳だった。

正信は、関八州の領民の統治と治安維持、江戸城への物資を搬入する運河の開削《かいさく》（御典医《ごてんい》の曲直部道三《まなせどうざん》の屋敷があったので道三掘《どうさんぼり》といわれる）、江戸市街の建設と監督指揮、荒れ果てていた江戸城の改築、さらには新行政機構の整備に全力を傾けたという。これが正信の戦場だったからだ。

豊臣秀吉没後には、天下取りを獲物として狙った。まず、石田三成と加藤清正、細川忠興《ほそかわただおき》などの武断派大名との対立を仕掛けた。

次に、五大老の実力者の前田利家が亡くなるや、嗣子《しし》の前田利長に謀反の疑いをかけ、利家の妻まつを人質にしてその勢力を封じ込めた。豊臣恩顧の有力大名との婚姻戦略など、正信は戦わずして勝つ戦略で政略を仕掛けた。

関ヶ原の戦いを前にしては、小早川秀秋らの西軍武将の寝返り工作にも知略の限りを尽くした。

大坂冬の陣、夏の陣で豊臣家を滅亡させる際には、正信は嫡子の正純と父子して悪役、憎まれ役に徹した。

この大坂の陣では、正信は、鷹狩で勢子が獲物を追い込むように、豊臣家の重臣の片桐且元を操って、豊臣家の内部崩壊を策すなど、謀略の限りを尽くした。このように、献身的な正信に対する家康の信頼はますます篤くなっていった。

正信の台頭は、徳川四天王（酒井忠次《さかいただつぐ》、本多忠勝《ほんだただかつ》、井伊直政《いいなおまさ》、榊原康政《さかきばらやすまさ》）ら武断派の反感と嫉妬を買ったが、家康の正信への信は変わらなかった。正信との関係は「朋友の如くにて」であり「その謀るところ言葉多からず、一言二言にて尽せるよし」というように、まさに以心伝心だった。

正信には幾度となく加増の話があったが、その都度辞退したという。

「某《それがし》は長年大殿の御恩をこうむっております。たとえ家が富まずとも貧しいわけではなく、一生食べていくことができまする。それにもう老人でございます。某にとお考えのご領地はぜひ武功の士にご加増をお願い申し上げます」。

他の本多忠勝や井伊直政などの有力家臣が、十万石、十二万石と加増を受ける中、相模国甘縄《あまなわ》藩一万石の禄に満足し、ひたすら家康の天下取り実現に挺身《ていしん》した。

正信は、日頃から質素な暮らしをしていて、瓜や茄子などのつけ届けをもらっても、一つを受け取ってお礼を言い、残りは全部丁重に返却したという。このように清廉で私心がなかったからこそ、家康に信頼されたのであろう。正信流の無私の仕事術といえる。

晩年は二代将軍秀忠の年寄（老中）となり、武家諸法度や禁中並公家諸法度の制定など、嫡子の正純とともに幕府を支え、二六〇年余におよぶ徳川幕府の基礎を固めた。

大坂の陣で、家康の天下取りが完全に成って初めて、三万石以下ならと加増を受け、二万二千石の知行になったという。

1616年4月17日に家康が逝去、五十日後の6月7日、家康四十九日の忌明けを待つかのように、正信は七十九年の生涯を閉じた。

「両御所（家康と秀忠）に奉仕して、乱には軍謀にあずかり、治には国政を司り、君臣の間、相遭こと水魚のごとし」と評されたが、まさに水と魚の如く、ともにこの世を去ったといえようか。

一言で、正信の人生を評すれば、自分の分をしっかりとわきまえた、誰よりも主君・徳川家康に忠義を尽くした無私無欲の人生、あるいは、正確なＳＷＯＴ分析に基づいた「足るを知る仕事術」を完遂したといえよう。

俺と藤沢のことを水と油だとか、太陽と月だとかに例えて言っているようだけど、若いころに腹をぶち割って話し合い、互いの長所を心底認め合ったんだ。ちょっとやそっとじゃ壊れる仲じゃない。

――本田宗一郎

上司の怒りのしずめ方

本多正信の行動を紹介しながら、現代に役立ちそうな具体例をいくつか見てみよう。まず、上司の怒りのしずめ方、宥《なだ》め方だ。『名将言行録』に次のようなエピソードがある。

あるとき家康が近習らの過失を罵っていたときに、そこに現われた正信が「大殿は何に腹を立てておられるのでしょうや」と家康に尋ねた。家康は目をむいて口から唾を飛ばしながら「これこれのことだ」と激して答えた。

正信は「なるほど、これは大殿の仰せのごとく、誠にごもっともなことでございます」と辞を低くしていうや、「お前はどうしてこのような馬鹿げたことをしでかしたのか！」と家康以上の大声で横から罵り怒鳴りつけた。近習は家康の側近第一といわれている正信の大声に驚き、首をうなだれ平伏した。それを見た家康は正信のあまりの怒りに呆気に取られて思わず苦笑したという。その家康の様子を見た正信はすかさずこういった。

「お前達は大殿にただ怒りにまかせて叱られたと思ってはならぬ。お前らを真に大切に思われるからこその御教訓なのじゃ。お前たちを一人前のひとかどの人間として召し使ってやろうとのお心から、このようなことをおっしゃられたのだ。大殿はお前達の父の合戦での武功や、祖父の城攻めでの忠義のことを、決してお忘れではない。だから、お前達も一度大殿の御機嫌を損じたからといって、遠慮するではないぞ。ところで、怒りで大声を出されれば自然と喉が渇くものじゃ。まずは大殿にお茶を差し上げよ」。

このように言って、その場をしずめたのだった。座が落ち着くと正信はあらためていった。

「よいか、お前達、今日からますますご奉公に相努めるのじゃ。少しも気落ちすることはない。大殿もそのように思っておられる」と場をうまくとりなし、家康の怒りを宥め解いたという。

このやり方は、絶妙の間の外し方だ。人というのは、怒って一度上げたこぶしは、中々おろしにくいものである。それを正信は、家康の呼吸をよく読み、家康以上の大声を出して怒ることにより、こぶしをおろしやすくするとともに、家康が近習を許すように話を運んでいるのだ。この正信のおかげでその近習は処罰を免れた。

また、主君の性質をよく飲み込み、巧みに軌道修正させている。「大殿、そのようなことで怒ってはなりませぬ」と真正面から面と向かって諫言《かんげん》したらどうだったろうか。

正信のこのような場のおさめ方は、正信流の主君への忠義の尽くし方であるが、現代でも上司との関係で何か参考になる話ではないだろうか。

自分で怒りを抑えるには、他人の怒る姿を静かに観察することである。

セネカ

正信流ガバナンス――イエスとノーの言い方

『名将言行録』によれば、徳川家康が大御所となって駿府にいたころ、城下でたびたび火事が起きたという。感情的になっていた家康は、本多正信を召して「今後、重ねて火事を出した者には切腹を申しつける。そのように触れを出せ」と命じた。正信は「ごもっともでございます」と言って退出した。

翌日、正信が登城してくると、家康は昨日命じた触れを出したかと尋ねた。そのとき、正信は「あれから謹んで思案いたしましたところ、妥当なご沙汰ではないと存じ、お触れを出すのを差し控えました」と述べたのだった。

それを聞くや否や、家康は気色ばんだ顔になって、理由を問うた。

「ははっ」と平伏しながら、正信は次のように言葉を返した。

「もし重ねて井伊兵部直政のような大身の屋敷から火が出た場合に、井伊兵部に切腹を申し付けることは難しいのではないでしょうか。他方、旗本の小身の者には切腹させ、井伊殿のごとき大身の重臣には切腹させないとなると、ご法度が不公平になり、天下の政治は成り立ちませぬ。そのため、昨日にもこのことを申し上げたく存じましたが、ご分別をお願い致したく、夜が明けてから大殿に申し上げた次第でございます」。

この正信の申し様には家康も感心し、この件は沙汰やみとなったという。

これは現代でも同じだ。オーナー社長やトップの命令を真正面から言下に直接否定すれば、トップの感情を逆なでし、面子をつぶされたと思い、意見に耳を貸さないだろう。特にトップが感情的になっていた場合は、なおさらだ。

真に主君（会社）のことを思えば、その場は、命令に逆らわず、トップが頭を冷やす時間を置いたうえで、あらためてソフトないい方で再考を促すというやり方は有用だ。

また、軍議（戦評定）や会議のときに、主君・家康に直接ノーをいわないために、不賛成や反対のときは、正信はたぬき寝入りという手も使ったという。

一方、意に添ったものである場合には、眠りから覚めたふりをしながらその意見に賛成し、上手に持ち上げ、場合によっては褒め称えたという。これもまた、主君への忠義の尽くし方の具体的な表れと言えよう。

諫言を喜ぶ家康の反省力が天下を獲らせた

『名将言行録』に、家康が家臣からの諫言を特に大切にした浜松時代のエピソードが載っている。おそらく1580年前後のことだろう。正信が帰参して十年ほどたったころで、正信も三十代半ばぐらいで若かった。

家康が正信のほかに三人を呼び出した時のことだ。ある家臣が懐の鼻紙袋《はながみぶくろ》から一通の書状を取り出し、封を切って差し出した。そして次のように述べた。

「以前より内々お諫《いさ》めしたいと思っておりました数々の事を文書に認めました」

「苦しゅうない、読んで聞かせよ」と家康。その家臣が一カ条読み終わるごとに「もっともなり」と家康は感銘するように深く頷いた。

すべて読み終わると、家康は大いに喜び「これに限らず、これからも思うことがあればいつでも遠慮なく申し述べてくれ」と言ってその家臣を退出させた。

その後で、家康は正信に尋ねた。「その方は、どう思うか」。

正信は「只今の諫言には一カ条も用うるようなものはございません」と述べたという。

すると家康は手を振りこう述べた。

「それは違うぞ。あの者の忠義の志を大切にしなければならない。その諫言を用いる、用いないは別として、あの者の心が嬉しい。上になればなるほど、大身になればなるほど、己の過ちは知ることができないものだ。へつらう者が多く、それは違うと過ちに意見し、諫めてくれる者が少ないからだ。短慮になったり、知らず知らずのうちに慢心、増上慢《ぞうじょうまん》になったりしてしまうおそれがある。それは大身者の損というものである。古今、人の上に立って、諫言を聞かないもので、国を失い、家を破滅させないものはない。諫言を大切にし、自ら反省することが何より大切である」。

それを聞いた正信は感動し、後にこのことを嫡子の正純に話しながら涙を流したという。

このような家康との一つ一つの出来事を通じて、正信は家康から学び、自分の強みを磨き、自らを高め、家康の分身のように主君のことを知る努力をして忠義を尽くした。その中で徐々に信頼を勝ち取っていったということだろう。

およそ主君を諫める者の志、戦いで先駆けするよりも大いに勝る。

――徳川家康

先駆けの将は、討死しても後世に残る名誉となるし、必ず討死する訳ではない。「得」があり「失」のない忠である。しかし諫めることは主君に罰せられ、妻子を死なす結果になるかもしれない。それは「失」があって「得」のない行為だ。だから諫める者を大事にしなければならない。

慢心の恐さを知ることがリーダーの器を作る

人間の欠点の一つは、独りよがりになったり、お山の大将になったりして、すぐに慢心に陥ることだ。家康といえども、最初から素直に諫言が聞け、反省力に優れていたわけではない。家康がリーダーとして一回りも二回りも器が大きくなったのは、１５７２年の「三方ケ原《みかたがはら》の戦い」以降だろう。

当時、家康は血気盛んな三一、二歳。１５７０年の姉川の戦いをきっかけに、有力武将の一人に数え上げられるようになったばかりの頃だ。

武田信玄率いる武田軍が、信州街道を通って遠江《とおとうみ》に攻め込んできたのはそんな頃だ。まず、徳川家の譜代家臣、中根正照《なかねまさてる》の二俣城が陥落した。そこから家康がいた浜松城までの距離はわずか二〇キロほどしかない。

次は浜松城に攻め込んでくるのが常識だった。しかし信玄は、「家康などとるに足らない」といわんとばかりに、浜松城を通り過ぎ、三河に向かっていった。城に籠城している相手は攻めにくい。だから、経験もあり狡猾な五二歳の信玄は、家康を城からおびき出そうと、わざと浜松城を無視するという挑発作戦に出たわけだ。

家康は戦国武将としてのプライドを大いに傷つけられた。家臣が懸命に止めたにも関わらず、城から飛び出し、信玄を追いかけた。

一方の信玄は、軍勢を整え愛知県との県境に近い三方ケ原で待ち構えていた。そして、信玄流「風林火山」の激しい攻撃にさらされ、家康軍は壊滅状態に陥った。大切な多くの兵と家臣を失い、自分は命からがら逃げ帰った。あまりの恐怖に馬の上で脱糞したともいわれている。

こんな事態を招いた原因は、家康の心に潜んだ「慢心」と「短慮」。このとき、慢心や短慮の恐ろしさを身にしみて感じたのだろう。城に帰るとすぐに画家を呼び、自分の恐怖におののいた肖像画を描かせた。

これが、名古屋の徳川美術館にある『徳川家康三方ケ原戦役画像』だ。別名「顰《しか》み像」。三方ケ原の戦いにおいて、信玄に敗れたあと、その苦い経験を忘れないように家康は描かせた。自分自身の終生の反省材料としてこの絵を残したのだ。慢心や短慮に陥りそうになれば、自分の情けない顔を眺め、三方ケ原を思い出して自分を諫めたという。

反省すれば、謙虚になる。謙虚になれば、素直に人の意見に耳を傾ける。敵味方など関係無しに、良いところはどんどん取り入れる。当然、知恵は何十倍、何百倍にも膨らんでいく。

家康は、このようないわば「反省力」を手に入れたことで、衆知が集められる超一流のリーダーに育っていったといえよう。それゆえにこそ、諫言による反省の大切さを、これはと見込んだ人間には、折に触れ話したことだろう。その結果、他者の諫言によって、自分のSWOT分析を正確にすることができ、道を間違わず、大成できたといえよう。

反省はするべきだが、後悔はしなくてもいい。
反省は未来に繋がるが、
後悔は過去に縛られているだけだ。

――ゲーテ

そこに大義はあるか？

徳川幕府の基礎を確立し、盤石にした本多正信だったが、残念ながら自分の家は盤石に保つことができなかった。諸行無常、毀誉褒貶《きよほうへん》は世の常とはいえ、歴史の皮肉といえようか。

正信は、最晩年の亡くなる直前に、二万二千石への加増を受けたが、決して三万石以上を受けてはならないと考えていた。正信は常々、子の正純に「我の死後に、汝は必ず増地を賜るだろう。三万石までは本多家に賜る分としてお受けせよ。だが、それ以上は決して受けてはならぬ。もし辞退しなければ、禍《わざわい》が必ず降り懸かるであろう」と遺言していた。さらに正信は、二代将軍秀忠に「もしこれまで正信のご奉公をお忘れでなく、長く子孫が続くことを思し召しされるのなら、嫡男上野介《こうずけのすけ》（正純）の所領は、今のままで、これより多くなさらないようにお願い申し上げまする」と嘆願したという。

しかし、正純は、正信の遺志に背いて、宇都宮藩十五万五千石という大封を得た。そのため、1622年のいわゆる宇都宮城釣天井《つりてんじょう》事件により、失脚を余儀なくされ、改易、不遇のうちに亡くなっている。正純が時代の変化や動きの中で、自分の強みを正確にして、出処進退を決定していたなら、どうだったであろうか。

関ヶ原の戦いの後のことであるが、『名将言行録』に載っている本多正信と加藤嘉明《かとうよしあき》とのエピソードが思い出される。

関ヶ原の戦いの後の論功行賞で、家康が加藤嘉明に五十万石へ加増しようとした。しかし、正信が諫めて加増に反対したために、嘉明は二十万石に留まったという。この話をのちに聞いた嘉明は正信を怨んだ。それを聞いた正信は嘉明に対し、次のようにいったという。

「内府が貴殿に大封を与えようとされたが、貴殿のことを考えて、二十万石に留めましてござる。貴殿の武勇智謀は類まれで、衆に抜きんでて優れておられる。さらには、豊臣家に深く恩顧があり、過ぎたる加増は人々の疑いを招きかねませぬ。『功成り名を遂げて身退く』という理もござる。貴殿ほどの武将が大国を領されれば、人の下に屈するような人ではないと、必ずや人々から疑いを受けて災いを招きます。それでも某《それがし》を怨まれるのなら、やむを得ませぬ。内府に改めて加増の件、お取り成しいたしそう」。

嘉明は正信に返す言葉がなく、後に文句は止んだという。

いつの世も、世の中の疑念や成功者への嫉妬はあるものである。成功すれば成功するほど謙虚になる必要がある。稲盛和夫京セラ名誉会長が近年のＪＡＬ再建の際に、給与など仕事の報酬を一切受け取らなかったのは、この正信の言葉と軌を一にしよう。

動機善なりや　私心なかりしか

「お前がやろうとしていることは、本当に国民のためを思ってのことなのか？

名を残したいという私心からではないか？」

——稲盛和夫

稲盛氏は新規事業に望む際、自分へ問い続けたという。

CHAPTER

9

石田三成

Management

What Every Business
can Learn from
Strategists in History.

豊臣政権NO.1の非凡なマネジメント能力

石田三成

1560―1600

豊臣秀吉に才能を見出され、豊臣政権の五奉行として活躍した。側近として、賤ヶ岳《しずがたけ》の戦い、小牧《こまき》・長久手《ながくて》の戦いに従軍。食糧や武器の調達など裏方の仕事で非凡な才能を発揮した。秀吉の死後、家康と対立し、家康排除を画策。家康が会津の景勝征伐に向かった隙をついて挙兵、毛利輝元を総大将に担ぎ、家康率いる東軍と関ヶ原で激突するが敗退。生け捕りにされ、京都六条河原《ろくじょうがわら》で斬首された。享年四一歳。

軍師・石田三成――関ヶ原の戦い

石田三成が歴史上の人物として現代でも著名なのは、関ヶ原の戦いの西軍の首謀者、軍師兼事実上の総大将として、徳川家康の東軍と天下分け目の雌雄を決したからであろう。豊臣秀吉の第一の寵臣というだけでは現代にここまで名前が残っていなかったと思われる。ある意味、明智光秀が本能寺の変で織田信長を討ち果たした、という理由で現代でも有名なのと同様である。

当時、三成は戦下手の吏僚《りりょう》、事務処理に長けた能吏（文官）と思われていた。片や徳川家康は現存する日本一の偉大な武将、戦国屈指の戦上手と誰もが認めていた。つまり、家康には武将としてのブランドがあった。このような諸人が抱くイメージ、先入観の差が、勝敗を分けた一因になっていたかもしれない。

また、歴史は勝者の歴史であるので、敗者はとりわけ誹謗中傷の対象であり、三成は奸臣《かんしん》・佞臣《ねいしん》として必要以上に汚名を着せられてきたようである。関ヶ原の戦いの構図は現代でいえば、一代で日本最大の会社を作り上げた創業オーナー社長の豊臣秀吉が亡くなって、数え年六歳の一人息子・秀頼に事業承継が発生したのと似ている。

その際に、その会社の実力NO.1の代表取締役副社長・徳川家康と、事実上解任された前取締役社長室長（秘書部長）兼管理本部長（総務・財務部長兼務）・石田三成が、会社を奪おうとしている家康と覇権をめぐって戦ったお家騒動、内紛ともいえようか。

西軍の総大将として担がれたのは西国の大大名で五大老の一人だった毛利輝元である。五大老はいわば代表取締役副社長であり、毛利輝元は家康と同じ代表取締役副社長の地位にあった。石田三成は五奉行の一人であり、現代でいえば取締役に擬《ぎ》せられるだろう。

前取締役社長室長（秘書室長）兼管理本部長（総務・財務部長兼務）といったのは、後に述べるいわゆる七将《しちしょう》襲撃事件で五奉行の地位を事実上解任され、豊臣政権（いわば豊臣株式会社）での法的地位を喪失していたからである。ただ、関ヶ原の戦いの時点では、家康以外の五大老や奉行の承認を取り付け、五奉行に復帰していたかもしれない。いずれにしろ、石田三成は軍師として家康打倒の緻密な絵図、戦略を構築した。

それは、秀吉亡き後、約束事を平気で破り、天下を簒奪せんとする徳川家康の専横や露骨な行動に、豊臣家存亡の大きな危機感を石田三成が抱いたからである。家康の行動に眉をひそめる者も多かった。

いずれにせよ、五大老筆頭で、二五〇万石余の徳川家康を相手に、十九万四千石の石田三成が八万人以上の西軍をまとめ上げ、互角に戦った企画力・戦略構築力自体はなかなか見事といってよいのではないだろうか。この戦略立案、家康打倒戦略は後に述べる家臣の島左近に大きく力を借りている。いわば関ヶ原の戦いの軍師が石田三成で、その石田三成の軍師が島左近といえようか。

しかし、見事な戦略を立案しても、それで満足して終わっては何の意味もない。結果を出すためには、戦略の実行、実践こそが重要である。

日産自動車を再建したカルロス・ゴーンが「戦略1割、実行9割」と述べていたが、それは今も昔も変わらない至言である。

実行こそすべて。これが私の持論である。アイデアの良し悪しは、どのように実行するかによって決まると言っても過言ではない。

――カルロス・ゴーン

勝敗の分岐点

この戦略の実行、実践において、大義や動員数が勿論重要である。それと合わせて意外な影響を与え、最後の最後に力を発揮するのが、リーダーの性格や人間力（パーソナルブランド力や信望、実績からのイメージなど）、そして、「まめさ」と「ツメの厳しさ」である。ここにはどうしても「理外の理」の部分がある。

「まめさ」でいえば、このとき、家康が諸将《しょしょう》に書いた恩賞を含めた協力依頼の手紙は約二百通といわれているが、三成はそれに及ばなかった。この多数派工作、勝利への手紙のまめさの差が軍配を分ける一つの要因であったかもしれない。

これによって、協力してくれるか、仮に表向き敵方についても内応してくれるかなどの、おおよその票読みができる。

あとはそれぞれの人間関係を駆使しての味方への引き込みだ。そのツメをどこまでできるかで精度が上がってくる。つながり、絆がもろければ、どんな大軍でも烏合《うごう》の衆《しゅう》である。いかに絆を強くするか、モチベーションを高め、結束力を高めるかが将の力量であるが、その意味でも、手紙の数の差が実は最後の大きな要因、勝利の決め手になったかもしれない。

一方、仮に自軍が劣勢に陥っても総崩れにならないよう、負けない戦いができるように保険をかける。そういう危機管理のツメの厳しさもある。この辺のツメを厳しく押さえておけば、よほどのことがない限り大敗することはなく、いつでも再起できる。この辺の勘所の押さえ方は、家康の方が三成より上だったのではないだろうか。

どちらにも大義があるので、最後は「勝てば官軍」である。だから、生き残るために、お家存続のために、理屈を超えて人は保険をかける。このときもそれは見られたし、今も昔も変わらない。危機管理、リスクマネジメントである。

どれだけの備えをしたかで結果は決まる。

野村克也

どちらの大義が支持を得たのか

このときの大義は、石田三成と徳川家康の双方にあった。

石田三成の大義は、「天下の安泰《あんたい》を乱し、豊臣家の天下を簒奪する極悪非道の謀反人を討つ、ないしは、不義を討つ」というような趣旨だったろう。背景には、「秀吉によって天下は統一されて平和の世の中になったのだから、豊臣家が政権を世襲していくのが正義である」という認識があった。

他方、徳川家康の大義は「天下を騒がす逆賊《ぎゃくぞく》・謀反人を討つ」というような趣旨であったろう。その根底には、「天下はまだ収まっていない」「天下は実力のある者の回り持ち」という哲学、意識が根強くあっただろう。

この二つの大義のうち、どちらに支持が集まったのか。また、当時、天下は収まったとみていたか否か。

当時の戦いは数の多い方が勝つのが通例だった。徳川家康が率いる東軍は七万五千、石田三成の西軍は八万千と伝わる。関ヶ原の戦いの人数だけみると、西軍の方が多かったので、ほぼ互角の支持を集めたといえようか。形式的には勝てる要素は十分にあった。ただし、徳川秀忠の別働隊三万八千はこの関ヶ原での本戦には参加していない。

石田三成にも徳川家康にも大義名分はあった。しかし、三成は心底からの諸将の支持を得たか、参加した大名や武将の心を士気高く心を一つにできたか、ベクトルを統一できたかについては、三成擁護派の諸資料を見てもやはり少し疑問が残る。

戦争で最も計算できないものは戦意である。

ベイジル・リデル＝ハート

イギリスの軍事評論家であり、20世紀を象徴する戦略思想家。著作に『戦略論』。

リーダーシップはどう形成されるのか

歴史に「もし」はない。しかし、もし石田三成が百万石の大大名であったなら、大名、武将としての重みが違う。また、三成の戦時動員力は二万五千人から三万人ほどになるので、関ヶ原本戦の当日の実際の猛攻ぶりを見れば、小早川秀秋が裏切ったとしても勝っていたかもしれない。

関ヶ原の戦いの敗因は、同僚ともいうべき大名を取りまとめるにあたって、事実上の総大将としての戦争の指揮力のなさ、実践経験の不足とよくいわれている。しかし軍師的立場の主導者であり、十九万石余の中規模大名の三成としてはやむを得ない面もあったといえよう。

対する敵の総大将は百戦錬磨な徳川家康である。家康が指揮するのも、対等の大名たちである。ここは三成と同様であるが、家康に対しては武将たちの信頼感が違う。従二位内《じゅにいない》大臣で、五大老の筆頭であり、小牧長久手《こまきながくて》の戦いでは秀吉を破っている。歴戦の実績から、黙っていても重みがあったろう。

片や、家康に比し、従五位下の行政官僚で華々しい戦歴がなく、その意味で、石田三成の指揮力に不安を覚えていたものも西軍の方が相対的に多かったかもしれない。

豊臣秀吉という後ろ盾がいてこその石田三成だった。後ろ盾がいなくなれば、また五奉行というポストを離れれば、単なる十九万四千石の力しかなかったといえよう。一言でいえば、格が違った。人望もまた違った。

三成は、吏僚（文官）・行政官僚としての能力は優れていたが、人情に欠ける点があり、気配りや配慮に欠ける言動なども手伝ってか敵を作りやすかった。規範意識が高く、規則や理屈優先で、先輩や同僚などには受けが良くなかったのであろう。

本来味方につくべき豊臣恩顧の武断派、加藤清正や福島正則などを敵に回してしまったのも、彼らの「三成憎し」の気持ちだった。彼らも頭ではわかっていても、長年の「三成憎し」の感情が許さなかったのだろう。その意味では、石田三成の性格やこれまでの行動が結局のところ、家康をして天下人にならしめたといえるだろう。

豊臣家を守るという大義名分があった石田三成だったが、人は理屈通りに動いてくれなかった。

関ヶ原の戦いは、1600年9月15日の一日で勝負はついたが、その八万人以上の軍を実際に上手に指揮し、力を最大限に発揮させることができなかった。

寄せ集めの、いわば様子見の烏合の衆のような軍も混じる中、理屈抜きに全軍のモチベーションを高め、一致団結させるリーダーシップやアライアンス力、士気を高めるコミュニケーション力、利と義を絡めた総合的な発信力が弱かったともいえよう。

中国明《みん》代の儒学者である呂新吾《りょしんご》が『呻吟語《しんぎんご》』で「深沈厚重ナルハ其レ第一等ノ資質、磊落豪雄ナルハ其レ第二等ノ資質、聡明才弁ナルハ其レ第三等ノ資質」と語っているが、あらためて三成のことを考えると、心に深く響いてくるものがある。

というのは、第三等の資質の「聡明才弁《そうめいさいべん》」とは、頭がよく弁も立って、いわゆる口八丁手八丁の秀才タイプである。しかし、反面で軽薄才子の謗を免れないと呂新吾は考えていて、妙に三成と重なり合うように思うからである。

ちなみに、第一等の資質の「深沈厚重《しんちんこうじゅう》」は、どっしりとして重みがあり、落ち着いていて何事にも動じない様をいい、「磊落豪雄《らいらくごうゆう》」は細かいことに拘らず、陽性の人物で、度量が大きい資質の人物である。

そうとはいえ、天下分け目の関ヶ原の戦いにおいて、軍配は東軍に上がったものの、三成率いる西軍は、小早川秀秋が寝返るまで勝敗が分からないほどのみごとな戦いぶりだった。結果的ではあるが、三成が単なる文官の吏僚、行政官僚でなかったことを一方で証明したといえよう。

しかし、負けは負けである。囲碁でも半目勝ちでも勝ちは勝ち。逆に、勝敗は時の運、兵家の常というが、もっと人の心を理解し、人情味があれば、武断派の同僚の大名たちを味方につけられたかもしれない。

その意味で、石田三成に学ぶべき点、また、反面教師にすべき点が、現代においても多々あろうかと思うので、様々な角度から考えてみたい。

優れた人材には、束ねる重力のようなものが必要だ。

――スティーブ・ジョブズ

「三碗の才」に学ぶ

18世紀初頭に書かれた『武将感状記《ぶしょうかんじょうき》』に「秀吉 石田三成を召し出さるゝ事」という項がある。『名将言行録』にも似た記載がある。それらによるとこうだ。

石田三成は近江・坂田郡北郷村大字石田（現在の長浜市石田町）の土豪、石田正継《いしだまさつぐ》の次男に生まれ、観音寺（滋賀県米原市朝日）に寺小姓《てらこしょう》（寺の住持の雑用をつとめる少年）として預けられていた。当時は、佐吉といった。近江長浜城（滋賀県長浜市）の城主だった秀吉がある日（1574年か）、放鷹に出た帰りに喉が渇いたので、観音寺に立ち寄った。

「誰かある。羽柴筑前じゃ、茶を所望致したい」。

秀吉の様子を見た寺小姓の三成の大きな茶碗には、七、八分ぬるめのお茶が点てられて入っていた。鷹狩で喉が渇ききっていたので、秀吉は一気に飲み舌を鳴らした。

「小気味よし。今一服所望じゃ」。

二杯目の茶碗は前に比べると小さめで、点てられたお茶は前より少し熱めで量は半分弱ぐらいであった。秀吉はそれを飲み干し、さらにもう一服所望した。

三杯目の茶碗は小茶碗に熱いお茶が入っていた。秀吉はこれを飲み、この少年の気配りに感心して住職に頼んで、長浜城に連れ帰り側小姓《そばこしょう》にしたという。いわゆる「三献茶《さんけんちゃ》（三杯の茶）」の逸話である。「三碗の才」ともいわれる。

ここには、秀吉の状況を考えた石田三成の心憎いばかりの気配りや機転の様子がよく表れていると思う。三成、このとき数えの十五歳。三成は、熱さと量とお茶の濃さをそれぞれ変えて、秀吉がお茶を飲みやすいように、三回に分けて出したのである。

現代でもお客様にこれだけ心配りできる人がどのくらいいるだろうか。現代流の接客でいえば、お客様第一主義に徹したおもてなしといえよう。大切なお客様が来られたときには、石田三成の「三献茶」のやり方を活用されてみてはいかがだろうか。

ある会社では、三十分に一度お茶を変えるという。バリエーションは、コーヒーにしたり、種類の違うお茶を出したりと色々だが、お客様をもてなそうとする姿勢には感心したものだ。

石田三成がこのとき出したお茶は「政所茶《まんどころちゃ》」といわれている。琵琶湖の東部、鈴鹿山系の渓谷に位置する永源寺町《えいげんじちょう》政所（現在の滋賀県東近江市）は銘茶の産地だった。秀吉は生涯、政所茶を愛したといわれている。

このエピソードは後世の作という説もあるが、私は秀吉が自分の所領以内で人材を探していたことを示すエピソードだと思う。この時期、秀吉は初めて一国一城の主となり、自前の家臣団を急ぎ作り上げる必要があったからである。良い家臣を持つことは武将として伸びていくために重要だった。

それが、たまたまこのとき観音寺で三成に出会い、秀吉の人材採用のアンテナにひっかかったというわけである。その結果、後に三成の兄の正澄《まさずみ》も召し出され、秀吉に仕官した。三成が数えの十八歳、秀吉の播磨攻めの時だったともいう。

未来を予測する最良の方法は、未来を創ることだ。

――ピーター・ドラッカー

秀吉の寵臣へのステップ

秀吉に気に入られた三成は秀吉の期待に大いに応え、日に日に深い信頼関係を築いていった。

『名将言行録』によれば、三成は日々、夜の城のまわりなどの勤めを怠らなかった。大風雨の夜などは翌日の卯《う》の刻《こく》（午前六時）には城の破損状況をいち早く秀吉に報告したという。一方、普請奉行《ふしんぶぎょう》は午前十時頃報告したという。

秀吉はこうした迅速な行動力やフットワークの軽さ、忠義心ある報連相、自分に似てトップの心をつかむに抜け目のない側面を持っている三成を、ますます気に入っていったのだろう。

本能寺に倒れた織田信長の後継者をめぐる賤ヶ岳《しずがたけ》の戦いでは、石田三成は「先懸之衆《さきがけ》」として活躍したという。1583年の賤ヶ岳の戦いは、加藤清正や福島正則などのいわゆる「賤ヶ岳の七本槍《しちほんやり》」の活躍が有名である。他にも、『一柳家記《ひとつやなぎかき》』には「先懸之衆」として七本槍以外にも、石田三成や大谷吉継《おおたによしつぐ》、一柳直盛《ひとつやなぎなおもり》も含めた羽柴家所属の十四人の若手武将が、最前線で「賤ヶ岳の七本槍」に劣らぬ武功を挙げたと記録されている。

三成は1584年の小牧・長久手の戦いにも従軍。その後は、近江国蒲生《がもう》郡（現在の近江八幡市、竜王町、日野町など）の検地奉行《けんちぶぎょう》も務めた。このとき、秀吉に「計数の才」や能吏《のうり》としての事務処理能力を一層評価されたようだ。三成は近江商人が活躍する近江の地に育っているので、そういう算用の才覚、計数の才が備わっていたのだろう。きっと近江商人の影響を知らず知らずのうちに受けたのではないだろうか。

その後も、太閤検地の奉行として各地で忙しく働いたのはその点を秀吉に認められたということだろう。検地は豊臣政権の経済基盤を作るうえで、極めて重要な政策だった。

ちなみに、加藤清正や福島正則が検地奉行として活躍したという話は、聞いたことがない。それぞれの得手不得手を見抜いて秀吉が適材適所でうまく使ったということであろう。

１５８５年には、三成は従五位下治部少輔《じゅごいのげじぶのしょう》に叙任され、同年末に秀吉から近江国水口《みなくち》四万石の城主に封じられたといわれている。あるいは、奉行として知行していたともいわれている。数えの二六歳だった。

１５８６年の九州征伐では、石田三成は大谷刑部とともに兵站《へいたん》奉行に任じられ、功績を立てたとされる。この頃から、三成と大谷刑部は親密さを増していった。同年の１５８６年に三成が堺奉行に任じられると、大谷刑部は奉行格として三成を支えた。

以上から、三成をＳＷＯＴ分析して強みを考えると、卓越しているのは、秀吉への一途な忠義心はもちろん、計数の才と事務処理能力だったろう。秀吉の天下統一が進むにつれ、三成の得意とする行政能力や事務処理能力がより重視されるようになった。

他方、最前線で命を懸けて戦っている大名や武断派の武士にとっては、自分の身を安全なところにおいて兵站や算盤をはじいているだけの、机上の空論の苦々しい人間と映っていた可能性が高い。

秀吉が天下を制覇し、関白になって身分差が開き、直接話ができなくなると、大名と秀吉との「取次」が必要になってくる。石田三成は側近の「取次」（申次《もうしつぎ》）として自分の勢力を伸ばし、派閥を形成し、ある時から増長していったのではないかと思われる。

二七歳のときに、豊臣政権の大きな財源であった堺奉行に任じられ、薩摩（鹿児島県）の島津義弘をして「其勢威無比肩人」（その勢威肩を比べる人なし）、つまり、ダントツの権力者だといわしめた。

「取次」は天下統一の過程で外交交渉の窓口・交渉人としての立場（任務）が、天下統一後の豊臣政権になって変化（進化）し、制度的任務として活用されるようになったようである。そして次第に「取次」の権限が奉行衆に集中していくようになった。

石田三成は全国の大名にとって「肝心の人」（『萩藩閥閲録《はぎはんばつえつろく》』）、キーマンになっていた。

名将・島左近をスカウト

三成は近江・水口（滋賀県甲賀市）に四万石を与えられた際、猛将として名高い島左近を自分の知行の半分である二万石で召し抱えたという。つまり、部下に自分と同じだけ禄を与えたのである。さらに、自分が出世して石高が加増されたら、またその半分を与える約束をしたともいう。まさに、人を遇する道も知っていたといえよう。

このエピソードからは、三成の良い人材を求めようとする大変な熱意を感じたものだ。

現代でいえば、ヘッドハンティングである。三成は島左近をスカウトすることによって、自分の弱点を補ったといえよう。これによって、三成は知だけではなく武勇を備えたのである。

三成は、将来への投資と考えると思い切りよく投資を行った。もちろん、単なる大胆ではなく、投資の損得を細心、冷静に計算できる人物だったともいえよう。

秀吉はこの島左近の話を聞き、「君臣の禄が同じというような話など古今聞いたことがない」と三成の人材獲得への姿勢に驚愕すると同時に、主人に全力で奉公しようとする三成の姿勢を感じて賞賛したという。そして、島左近に三成への忠誠を促し、菊桐紋入りの羽織を与えたともいう。

豊臣家や石田家の当時の正式な記録が残っていないので、真偽のほどは定かではないが、三成の人材確保への姿勢や仕事観をよく表しているといえよう。そのような三成の姿勢があるからこそ、島左近をはじめ蒲生郷舎《がもうさといえ》など当時逸材といわれた人物を多く家臣として抱えることができた。

さて、それほどまでに思って三成が家臣に求めた島左近のことである。諱として清興《きよおき》の名が伝わり、左近は通称。出身は、大和国平群郡（現在の奈良県生駒郡、大和郡山市の一部など）ともいわれる。大和郡山城主・筒井順慶《つついじゅんけい》に仕え、「筒井の右近左近」といわれる重臣になったという。右近は松浦右近重信で、後に島原藩主となる。順慶が1584年に亡くなり、転封を機に、左近は筒井家を致仕《ちし》したという。あるいは、後継者である順慶の甥・定次《さだつぐ》に仕えたものの、ほどなくして左近は筒井家を去ったともいう。その後、近江・高宮（滋賀県彦根市）に隠棲《いんせい》。その際に、石田三成に三顧《さんこ》の礼を尽くして招かれたようだ。その際、三成は左近を「友之《ともゆき》」（之を友とす）と呼ぶことにしたともいう。

その後、三成は加増されると約束通り左近の禄高も自分の半分に上げようとした。しかし左近は固辞しこのようにいったという。

「忝《かたじけな》きお言葉、殿のその御志だけでもう十分でございまする。たとえ殿が五十万石、百万石の大大名になられても、それがしの知行は今のままで充分でござります。もしそれがしにくださるのであれば、他の者にご配慮賜りますように」。

後に、「三成に過ぎたるものが二つあり。島の左近と佐和山《さわやま》の城」とうたわれた。

他人の利益を図らずして自ら栄えることはできない。人は受けるより与えることの方がもっと幸せなのである。

——アンドリュー・カーネギー

三成、七将に襲撃さる

一般的に七将といわれているのは、福島正則（尾張清洲城主）、加藤清正（肥後熊本城主）、池田輝政《いけだてるまさ》（三河吉田城主）、細川忠興《ほそかわただおき》（丹後宮津城主）、浅野幸長《あさのよしなが》（甲斐甲府城主）、加藤嘉明《かとうよしあき》（伊予松山城主）、黒田長政（豊前《ぶぜん》中津城主）の豊臣秀吉の武闘派の猛将たちである。

秀吉の死後、豊臣政権内において七将をはじめとする武断派と、石田三成など行政を担当する文治派の確執が表面化した。五大老の一人、前田利家は二派の調停に努めたが、1599年閏3月3日に死去。両派の関係を仲裁するものがいなくなってしまった。

戦場で汗と血を流し、命をまとに戦功をあげるのが最も重要な家臣の仕事であると考えていた七将には、三成のような取次や文官の行政官が秀吉から厚遇されることが我慢ならなかったようである。

このような中、へりくだって彼らを立てていれば違ったのかもしれない。三成も意地なのか、それをしなかったのが、大将としての器がなかったと言わざるを得ない。もし三成の付き合いが良く、人情味があって温かかったらどうだったのだろうか。

人は権力を持つと、何かに魅入られたように心が変わったりすることがある。どんなに偉くなっても、いついかなるときも、謙虚にして奢らずというのは難しいようである。「取次」として知らず知らずのうちに三成の奢りが増長していた部分もあったかもしれない。

特に、七将は文禄・慶長の役における査定で、功績が正当に評価されないのは、秀吉への三成の讒言のせいだと根深い恨みを抱いていた。その積年の恨みが噴出したのである。

利家が亡くなったその夜、七将は手勢を率いて加藤清正の屋敷に集合し、三成の屋敷を襲撃する計画を立てたが、露見。

三成は豊臣家家臣の桑島治右衛門《くわじまじえもん》の通報により島左近らとともに佐竹義宣《さたけよしのぶ》の屋敷に逃れたという。

七将は屋敷に三成がいないと分かると、しらみつぶしに探索。佐竹邸に匿われていると伝え聞いた彼らは、佐竹邸に迫った。そこで三成らは女装して佐竹邸を抜け出し、京都の伏見城内にある自邸に立て籠もったという。伏見・向島の家康の屋敷に逃げ込んだという説があるが、それは後世の作のようである。

翌日、伏見城も武断派に取り囲まれた。そこで、徳川家康が仲裁。七将が家康に三成を引き渡すように要求したが、家康は、はねつけたという。

家康はその代わり三成を謹慎蟄居《きんしんちっきょ》、退隠させる事、及び朝鮮の役の蔚山《うるさん》城の戦いの査定の見直しを行うことを約束した。
これによって、三成は豊臣政権での五奉行の地位を失い、公的な発言権を失った。

謙虚なリーダーだけが、協調性のある集団を築き、その集団を調和のとれた永続する成功に導くことができる。

——稲盛和夫

軍師の本領

1600年6月18日、家康は上杉景勝の会津討伐のために伏見から出陣した。別項でも述べたように、1600年2月に越後・春日山城の堀監物によって、「景勝謀反」と家康に報告されたことが発端だった。このとき、福島正則、黒田長政、細川忠興など豊臣恩顧の大名が家康に従軍したのは、「豊臣秀頼殿に謀反の疑いのある上杉景勝を討伐に行く」という明確な大義があったからである。
上杉景勝の不穏な動きが注進され、東国の会津で謀反の動きがあれば、豊臣政権の五大老の家康としても動かざるを得なかったともいえよう。先述したように直江兼続の「直江状」がこのとき発せられた。

そして、三成挙兵の報が家康や従軍の諸将に次々と入る中、下野国《しもつけのくに》小山《おやま》（現在の栃木県小山市）でいわゆる小山評定が行われた。その結果、三成を打倒すべく、家康らは東海道を引き返し、関ヶ原での決戦の日を迎えることになる。

さて、1600年9月14日、関ヶ原の戦いの前日のことだ。家康が美濃・赤坂（現在の岐阜県大垣市赤坂）に布陣したことで、東軍の士気はあがった。逆に、西軍は不安になって動揺し、士気がみるみる落ちたという。中には逃走する兵も出てきてしまった。戦う前から西軍の士気が落ちていくことを危惧した三成だったが、妙案が浮かんでこなかった。そのとき、島左近がこの危機を打開し、士気を高める戦略を提案した。挑発作戦だった。

当時、この杭瀬川《くいせがわ》周辺は森林や藪が生い茂っていた。その作戦は、その森林や藪のなかに伏兵をひそませ、敵軍をおびき出して挟み撃ちにするというものだった。左近は手勢の兵五百を率いて杭瀬川を越えて池尻口（大垣市）まで張り出し、東軍を挑発した。

これに激怒した中村一氏《なかむらかずうじ》が軍勢を出した。さらに東軍の有馬豊氏《ありまとようじ》隊も加わり乱戦となったという。しばらくして、左近の部隊は敗走を装い、退却を始めた。これを見た中村、有馬の両隊はここぞとばかりに追撃する。東軍を誘い込んだ瞬間、森林や藪に潜んでいた伏兵が中村、有馬の両隊に襲いかかった。突然出てきた伏兵に驚いた中村、有馬隊だったが、時すでに遅し。左近の軍勢と伏兵で挟撃した。

敵の中村、有馬両隊は、ただただ混乱するばかりで、次々に兵が討たれ、壊滅状態となって敗走。さらに追い打ちをかけるように西軍・宇喜多隊の明石全登《あかしたけのり》が攻め込んだ。このとき、東軍・中村家の家老・野一色頼母助義《のいっしきたのもすけよし》が討たれる等の大きな損害を出したという。

これにより西軍の士気は多いに上がり、軍師・島左近の戦上手は東軍諸隊に響き渡ったという。どこでどんな風にどうすれば動揺を抑え、士気を上げることができるか、その辺の人間心理をよく心得た作戦だったといえるのではないだろうか。島左近は心理戦の名手といっても過言ではないだろう。

万事尽きたと思うな。
自ら断崖絶壁の淵にたて。
その時はじめて新たなる風は必ず吹く。

――**松下幸之助**

三成と左近の「盡己《じんき》」の生き方

関ヶ原の戦いは、当初は互角だったものの、小早川秀秋の裏切りで、西軍が敗北した。しかし、島左近は怒涛の如き勇敢で見事な戦いぶりだったという。

最初は西軍有利に進んだともいう。左近も自ら陣頭に立ち奮戦するが黒田長政の鉄砲隊に横合いから銃撃され負傷、一時撤退した。

正午過ぎ、小早川秀秋の寝返りを皮切りに西軍は総崩れとなった。左近は死を覚悟して再び出陣、正面の田中吉政・黒田長政らの軍に突撃し、奮戦した末に敵の銃撃により討ち死したという。左近の最期のときの勇猛さ、獅子奮迅の戦いぶりは東軍諸将のあいだでも語り草となったと伝わる。『常山紀談《じょうざんきだん》』によれば、黒田隊の兵士たちは関ヶ原から数年が過ぎても戦場での悪夢にうなされ、夢枕で左近が発した「かかれ！」の声を聞いて恐怖のあまり布団から飛び起きたと記されている。

あるとき、福岡城において、関ヶ原に出陣し左近を目撃した老いた武将達が、左近の服装について若侍相手に語り合った。しかし、物指、陣羽織、具足に至るまでそれぞれの記憶が違い一致するところがなかったという。これは左近のあまりの恐ろしさから夢中で戦っていて記憶が定かではなかったためだといわれている。

『故郷物語』に「おのおの、覚え給わぬか、島左近と聞けば今も気味が悪いぞ、鉄砲にて打ちすくめずば、我等が首を取られんこと何の手間も入るまじく候」と記されているが、島左近の鬼気迫る戦いぶりが伝わってくる。

勝敗は時の運とはいうが、この左近の武将としての、また軍師としての見事な最後は三成に対し「盡己《じんき》」、己のあらん限りの誠を尽くしたといえよう。幕末最高の儒学者といわれた佐藤一斎も「盡己」という言葉を大切にしていた。まさに、島左近はそのような戦い方、生き方をしたといえよう。

他方、西軍は総崩れとなり、島左近、蒲生郷舎など、有力家臣の戦死を聞いた三成は、戦場から逃れ、大坂城に戻って再挙をはかろうとした。しかし、井の口村（滋賀県米原市）において田中吉政《たなかよしまさ》の家臣に捕らえられた。

三成は堺の町と洛中を引き回されたうえ六条河原で処刑されることになったが、引き回しの時も三成は毅然と顔を上げて堂々としていたという。

その道中でのことだが、白湯を所望した三成に対し、警護の者が湯がないので代わりに干し柿をすすめた。

すると三成は「それは痰の毒だ。食うわけにはいかない」と答えた。

「今、首を斬られるというのに毒断ちでもあるまい」と警護の者が嘲笑すると、

「大義を思う者は首を斬られる直前まで命を大切にして、生きているかぎり何としても志をとげようと思うものである」と超然としていたという。

私はこの言葉を知って、好き嫌いを超え、軍師、武将として見事な態度だと思った。三成の人生に対する姿勢がよく表れていて、私はこの逸話を気に入っている。また、何かがあるときには、三成のような決して諦めない精神で、かくありたいと思う。

最後に、三成の家紋と考えられている「大一大万大吉《だいいちだいまんだいきち》」について述べたい。下の図は、関ヶ原合戦図屏風（彦根城博物館蔵）に描かれた石田三成の旗紋である。「一」を「かつ（勝つ）」と読んで、「大一」で大勝の意味ともいう。「大吉」など縁起の良い文字を重ねたともいわれている。「大万」といのは、万《よろず》のことの上に大があるので、ありとあらゆる場合すべてにおいてという意味である。「万民が一人のため、一人が万民のために尽くせば太平の世が

訪れる」という意味とされるが、いずれにせよ三成の強い思いと願いが込められている。

「俺はソニーで働けて幸せだった」と思って
死ぬようにしてあげることが、
社員に対する最大の務めだと思う。

——盛田昭夫

CHAPTER

10

真田幸村

Never Say Never

What Every Business
can Learn from
Strategists in History.

逆境でも諦めない日本一の兵

真田幸村

1567－1615

真田昌幸《まさゆき》の次男で、本名は信繁《のぶしげ》。武田勝頼、織田信長、北条、徳川、上杉を経て、最終的に豊臣秀吉の家臣となる。関ヶ原では兄の信之が東軍に参加したのに対し、昌幸と幸村は西軍に加担。徳川秀忠の大軍勢を信州上田城で迎え撃ち、秀忠の関ヶ原到着を阻む。敗戦後、父とともに九度山に配流。大坂の陣が起こると大坂城に入り、真田丸と呼ばれる砦を築いて徳川勢を撃退する。夏の陣では家康本陣に決死の突撃を試みるが、最後は追い詰められ戦死。享年四九歳。

最高に充実した人生を送るために

大坂の陣（冬の陣、夏の陣）で最も輝いた人物は、真田幸村ではないだろうか。

戦国武将屈指の人気を誇っている幸村は、悲劇の名軍師、悲劇の名将ともいわれるが、大坂の陣で古今無双ともいうべき活躍をみせ、燦然《さんぜん》と輝いた。

大坂冬の陣での徳川軍に勝利した真田丸《さなだまる》での獅子奮迅の戦い、大坂夏の陣では家康を討死に寸前のあと一歩のところにまで追い詰めた果敢な攻撃は伝説となっている。また、真田幸村の人生が最も輝いたのも、この大坂の陣のときであった。

同時代の人間は、真田幸村をこう評した。

『薩藩旧記雑録』では、薩摩藩初代藩主、島津忠恒《しまづただつね》の言葉としてこう記してある。

「五月七日に、御所様《ごしょさま》の御陣へ、真田左衛門仕かかり候て、御陣衆追いちらし、討ち捕り申し候。御陣衆、三里ほどずつ逃げ候衆は、皆みな生き残られ候。三度目に真田も討死にて候。真田日本一の兵、古《いにしえ》よりの物語にもこれなき由。徳川方、半分敗北。惣別これのみ申す事に候」

島津忠恒は真田左衛門（幸村）のことを「日本一《ひのもといち》の兵《つわもの》」と激賞した。真田幸村は三度目の攻撃で討死したが、徳川方は半分敗北していた。三度の幸村の攻撃をその都度三里くらいずつ逃げてなんとか生き残ったという、それほどの猛攻だった。

また、豊前《ぶぜん》小倉藩初代藩主で猛将と名高い細川忠興も「古今これなき大手柄」と述べた。

少し後になるが、神沢杜口《とこう》の随筆『翁草《おきなぐさ》』には、こう記されている。

「真田は、千載人口《せんざいじんこう》に残る奇策幾千百ぞや。そもそも信州以来、徳川に敵する事数回、一度も不覚の名を得ず、徳川の毒虫なりと世に沙汰せり、当世の英雄真田を非ずして誰ぞや。絶等離倫《りりん》、一世の人物、今にいたりて女も童もその名を聞きてその美を知る」。

いかに真田幸村が機略縦横の軍師、名将で英雄と思われていたかが江戸後期のこの文章からもわかる。真田は徳川と数回戦い、一度も負けていないともいう。

これほどの賞賛を得るほど、真田幸村は大坂の陣で実力を見せつけ、大きく輝いた。しかし、大坂の陣がはじまるまでは、父の真田昌幸の武名の陰に隠れて、実はそれほど有名ではなかった。表現を変えれば、真田幸村は軍師や武将としてそれほど実績が認められておらず、真の実力に比し、過小評価されていたといっても過言ではない。昌幸の次男として父の采配の下に活躍はしていたが、独立の軍師、武将としては大坂の陣までは未知数と評価されていたかもしれない。

もし大坂の陣で、豊臣秀頼などの豊臣家首脳陣が、真田幸村を信頼し、軍師として全面的に采配を任せていたら、天下はずいぶん違ったものになったかもしれない。使う側の器や目利きが要求されるといえよう。

では、なぜ真田幸村はそのように名軍師・名将となって輝けたのだろうか。また、幸村の人生の充実感、達成感は一体何だったのだろうか。幸村の人間力や魅力はもちろんであるが、稀代の名軍師・名将としての幸村のＤＮＡ（遺伝子）や『翁草』のいう「数回」の戦いの主なものを見ながら、この点も合わせて考えてみたい。

また、自分の人生をどう輝かせるか、充実したものにするかは、四百年前も今も重要なテーマであろう。

真田幸村には人生を充実させようという強い思いがあったのであろう。その思いが後世に伝わり、今も真田幸村の人生の最後の輝き、その一瞬の輝きが多くの人をとらえて離さない。

幸村の名軍師としてのＤＮＡ

真田幸村は、１５６７年に武田信玄に仕えていた国人領主《こくじんりょうしゅ》（国衆）であった真田昌幸の次男として甲斐の躑躅崎《つつじがさき》（現在の山梨県甲府市）で生まれた。真田信繁というのが幸村の正式の名前であるが、本書では一般に流布している真田幸村という名前で稿を進めたい。生まれについては、１５７０年という説もある。

まず、信繁という名前は武田信玄の弟・武田信繁に由来するという。武田信繁は兄の信玄によく忠節を尽くした名補佐役であった。「武経七書」に精通しており、また、背格好も似ていたので、信玄の影武者も務めたといわれている。

父の昌幸は、「武田二十四将」のひとりであった真田幸隆の三男で、数えの七歳から武田信玄に仕え、奥近習衆《おくきんじゅうしゅう》（武田信玄の側近で、将来の幹部候補だった六人の武将）として働き、信玄を心から尊敬していたという。

そのような真田家にあって、昌幸は信玄の軍略や外交を側近として見て学び、常に模範にしていたという。その意味では、昌幸は武田信玄の高弟《こうてい》であり、信玄の教えの後継者といえよう。彼には孫子の兵法と「風林火山」の旗印がいつも心に中にあったことだろう。昌幸は、武田信玄・信繁兄弟の固い絆に感動していて、嫡男・信幸《のぶゆき》（後に、信之と改名）の弟が生まれたら信繁にあやかりたいと考えており、生まれた次男の幸村に、信繁と命名したという。

そのことを考えると、昌幸は信幸・幸村兄弟を育てる際、武田信玄・信繁兄弟を理想として教育したことだろう。幸村のＤＮＡは、真田家のＤＮＡと信玄のＤＮＡ、そして、「孫子の兵法」といってもいいかもしれない。

我は尾形さまに厚恩を受ける者なので、尾形さまの大事の時は、真っ先に進んで討ち死にしよう。

――**武田信繁**

「尾形さま」とは、信繁の兄である武田信玄のこと。

父・昌幸のサバイバル戦略

1582年3月には織田・徳川連合軍により武田氏は滅亡。主家を失った真田昌幸はここから国人領主として真田家存続のために「表裏比興《ひょうりひきょう》の者」（裏表のあるしたたかな者）と呼ばれるような、サバイバルするための選択を強いられることになる。

上杉家、徳川家、北条家に囲まれた小国領主の昌幸はどこに帰属すれば真田家を安全に存続させることができるか必死に考えたことだろう。いわば日々苦悩の連続だったといえる。現代でいえば、生き残りを賭けた中小零細企業の悲哀のような思いに近いかもしれない。

昌幸はまず日の出の勢いの織田信長に恭順《きょうじゅん》し、上野国吾妻郡《こうずけのくにあがつまぐん》・利根郡（現在の群馬県沼田市、みなかみ町、東吾妻町など）、信濃国小県郡《ちいさがたぐん》（現在の長野県上田市など）の所領を安堵された。

ところが、同年1852年6月に織田信長が本能寺で突然横死したために、武田家の遺領は空白地域化し、越後の上杉氏、相模の北条氏、三河の徳川家康の三者で武田遺領を巡る争いが発生した。いわゆる天正壬午の乱である。

その後、真田昌幸は上杉景勝、北条家と主を次々と変え、その後、徳川家に属した。しかし、真田家が支配する沼田領の割譲をめぐって徳川氏と対立。このままでは存立が危ないので、庇護を求めて、上杉氏に再び帰属した。このように真田昌幸がしたたかに主を変えることから「表裏比興の者」といわれるようになったようだ。

比興というのは、現代でいえば卑怯となろうが、当時は老獪《ろうかい》、したたかに（生き抜く）という意味で、武将とすれば「ほめ言葉」だった。このとき、上杉景勝への臣従《しんじゅう》の証として、真田幸村を人質として差し出した。幸村はこのめまぐるしいサバイバルをかけた父の動きを身近に実感しながら、戦国を生き抜くということの現実を学んだことであろう。

景勝は幸村が人質となったこの7月15日付で真田昌幸に起請文を与え、「景勝は、手違いがあっても、謀反の噂があっても、惑わされずに情をかける」という安堵を与えた。

上杉家にとっても徳川、北条は関東の覇を争う敵であり、真田と手を組むことはプラスだったからである。

このとき景勝は真田幸村に、上杉家を離反し家康のもとに走った屋代秀正《やしろひでまさ》の旧領三千貫文のうち、一千貫文を幸村に与え厚遇している。当時、屋代秀正は（長野県の）屋代、塩崎、八幡、戸倉《とぐら》、上山田、坂城《さかき》を所領としていた。この時期に、幸村は上杉謙信以来の上杉家の軍法を学んだのではないかと思われる。父の昌幸の戦い方、また、父が仕えた武田信玄の武田流軍法の学びの上に、上杉流軍法も加わったのである。

上杉家を後ろ盾にした真田昌幸は、1585年閏8月には徳川氏と戦い、大勝した。いわゆる第一次上田合戦であるが、この戦いで真田昌幸の武名は天下に轟いた。一個の独立大名として認められるようになったのもこの頃である。前述の『翁草』の「真田は……信州以来、徳川に敵する事数回、一度も不覚の名を得ず」の勝利の一つである。

1586年6月、上杉景勝は上洛する際に、真田幸村を大坂城の秀吉のもとに連れていった。このとき、真田家は秀吉に臣従した。その臣従の証の人質として差し出されたのが幸村だったが、秀吉に気にいられ、直臣として出仕するようになったという。

後のことであるが、1594年に幸村は秀吉の推挙で従五位下左衛門佐に叙任され、豊臣姓が与えられた。

まず生き残れ。儲けるのはそれからだ。

——ジョージ・ソロス

犬伏《いぬぶし》の別れ

1598年、秀吉が死去。結果、時代は再び大きく揺れ動くことになる。前述したように、家康は秀吉の死を境に律義者の仮面を脱ぎ捨て、専横《せんおう》ともいうべきやり方で勢力を拡大、難癖をつけて前田家などを屈服させていった。

家康も年少期に「孫子の兵法」を太原雪斎から学び、その後も深く研鑽を積んでいたので、「善」なる戦い方の教えを実践、駆使したといえよう。

さて、1600年6月16日である。徳川家康が上杉討伐のために、大坂から動いたのである。会津の上杉景勝に対して、謀反の噂の弁明のために上洛するよう求めたが、景勝がこれを拒否したことがはじまりだった。いわゆる「直江状」である。

他方、家康が会津出陣により上方（大坂など）を留守にすることにより、三成が西国の諸大名を糾合して、大坂、京などを制圧する危険が飛躍的に高まった。

幸村が「家康が動いた」という報に接したときには、「大坂を留守にし、政治的空白と隙をつくり、石田三成などの反家康派を誘い出そう」と、家康が仕掛けたと直感したのではないだろうか。家康は、三成が挙兵すれば、関東に拠ってこれを迎え撃ち、立たなければ、豊臣秀頼の名の下に上杉を討つ。いずれにしても、そのためには江戸に戻ることが戦略的に重要だった。

家康は、7月21日をもって会津城を攻めるように、豊臣秀頼の名で諸大名に命令を発していた。豊臣政権内で、いかに家康に圧倒的な力があったとはいえ、秀吉恩顧の諸将の帰趨《きすう》も、真実のところがはっきりとわからない以上、何よりも優れた大義名分が必要だった。西国最大の雄藩の毛利や宇喜多の動向も気がかりだった。

7月2日、家康は江戸城に入り、福島正則、黒田長政、浅野幸長などの秀吉恩顧の諸将も相次いで江戸に集結した。

一方、7月12日、大谷吉継、増田長盛・安国寺恵瓊《あんこくじえけい》らが三成の佐和山城に集合し、毛利輝元を大坂方の総大将に迎えることに決めた。

石田らの求めに応じた輝元は、海路大坂に向かい、同17日に大坂城に入り、軍議を開いた。同日、長束正家《なつかまさいえ》・増田長盛《ましたながもり》・前田玄以《まえだげんい》の三奉行名で『内府ちかひの条々（家康の違背の数々）』という弾劾文が全国の大名に向けて発せられた。同時に、三奉行連署で檄文《げきぶん》を送り、秀頼へ味方するように命じた。どちらも当時の緊迫した情勢がよくわかる内容である。

他方、徳川家康の命を受けた真田昌幸、信幸、幸村父子は上杉討伐軍に合流するために7月の上旬に上田を出発、21日に下野国犬伏に到着。その滞陣中に、石田三成からの書状（密書）が真田父子のもとにもたらされた。内容はこうだった。

急ぎ申し入れる。今度上杉景勝を討つために発向したことは、内府公（家康）が取り交わした誓紙《せいし》ならびに太閤様が遺された御遺命に背き、秀頼様を見捨てられて出陣したことにほかならない。奉行らは相談の結果、内府公に制裁を加えることを決定した。内府公が誓紙や約束に違背《いはい》した数々は別紙（内府ちかひの条々）の通りだ。この旨を尤《もっと》もとお考えになり、太閤様から頂いた恩賞を忘れられていなければ、秀頼様へ御忠節されるべきである。

昌幸や信幸、幸村は、その一語一語を睨むように凝視したに違いない。

『内府ちかひの条々』にもすぐさま目を通した。十三カ条あった。

一、五奉行・五大老が誓紙連判してからまだ間もないのに、浅野長政や石田三成を失脚させた。

一、五大老のうち、前田利家が病死したのち、子息の前田利長が誓紙を出して、異心のないことを誓っているにもかかわらず、景勝征伐を理由に、前田家から人質を取り押し込めた。

一、景勝には何の罪もないのに、誓紙の約束を違《たが》え、また太閤様の御掟にも背いて討伐されるのを嘆かわしく思い、種々道理を尽くしてお止めしたにもかかわらず、許可なく、会津へ出兵した。

一、知行方のことは、自分が受け取ることは勿論、取り次ぎさえもしてはいけないと誓約したにもかかわらず、その約束も破り、何の忠節もない者どもに勝手に知行を与えた。
一、伏見城のことも、太閤様が定めた留守居衆を追い出して、勝手に人数を入れて恣意《しい》している。
一、五大老・五奉行のほかは、誓紙を勝手にやり取りしないという約束をしたにもかかわらず、無断で数多く取り交わしている。
一、北政所様を大坂城西の丸から追い出し、自ら居住している。
一、大坂城西の丸に、本丸のような天守閣を構築した。
一、諸大名の妻子を、人によって依怙贔屓《えこひいき》して国許《くにもと》へ帰している。
一、縁組のことについては、ご法度に背いた旨を申し伝えて承知しているはずなのに、重ねて多くの縁組を勝手に行っている。
一、若い衆を扇動して徒党を組ませるような行為をした。
一、五大老・五奉行が揃《そろ》って連判すべき書状に、単独で署判をしている。
一、縁故の者に有利なように、石清水八幡宮の社領の検地を勝手に免除した。
右のように、誓紙の内容に少しも従おうとはせず、太閤様の遺命に背いては、何を以て頼みとするべきか。この上は一人一人が、心を決め、秀頼様お一人を主《あるじ》として盛り立てること、誠に当然のことであろう。

読み終わった瞬間、昌幸、幸村、信幸の胸に去来するものは何だったろうか。石田三成からの書状を受けた昌幸、信幸、幸村は直ちに三人で真田家の去就について話し合った。残念ながら、その内容は記録が残っていないので定かではない。

想像するに、信幸は書状を読んだ瞬間から徳川家康につく気持ちだったのではないだろうか。信幸は家康に可愛がられ、徳川四天王の一人・本多忠勝の娘（徳川家康の養女）の小松殿を正室にしていた。そのためもあり、この話し合いでは信幸は昌幸に対して徳川軍につくことを主張したであろう。

他方、昌幸や幸村もどっちが勝つか、どちらにつくかの得失を様々に議論したことであろう。昌幸は石田三成と姻戚関係があり、また、幸村は三成の盟友の大谷吉継の娘を娶っていた。悩みに悩んだことだろう。いずれにしろ、この合戦によって真田家の命運は分かれる。真田家が滅びるか大きくなるかどうかの大きな賭けであった。もし三成が勝てば、昌幸は五十万石の恩賞が約束されていたともいう。

話し合いの結果、お互いの立場、考え方を理解した上で、昌幸と幸村は石田三成の西軍に、信幸は徳川家康の東軍につくことが決定した。いわゆる「犬伏の別れ」である。

結局、「表裏比興」の選択をした。どっちが勝っても、真田家は生き残る、サバイバルできる戦略だった。

この後に、信幸は昌幸と決別する意味で、昌幸からもらった「幸」を捨て、信之と名乗るようになった。

二者択一にこだわるよりも、まったく読んでない手のほうが可能性は広がるのだ。

——羽生善治

目的は達したが、敗軍の将に

7月25日に下野国小山（現在の栃木県小山市）の家康の本営で軍議（小山評定）が開かれた。その結果、上杉討伐軍のほぼ全ての従軍諸将が家康に従うことを誓約し、三成迎撃で評議が決した。翌日から諸将は陣を引き払い、続々と東海道を上方に向かって引き返した。

8月24日、上杉景勝の押さえとして宇都宮に在陣していた秀忠が、東山道（中山道）を信濃に向けて出発した。家康の命により信濃平定を命ぜられたのだった。

8月29日、家康は福島正則らの岐阜城攻撃の報に接し、先の命令を変更した。大久保忠益を使者として送り、秀忠に東海道と東山道からの同時西上を命じたのである。この間、家康は一カ月余動いていなかった。家康は、上方の情勢や、先に西上した豊臣恩顧の諸将の向背《こうはい》、特に福島正則の動向を用心深く窺った。同時に、上杉や佐竹を牽制し、背後の安全に万全を期していた。それは、家康に味方していた伊達政宗だけにこの両名を押さえるのを、任せておけなかったからでもあった。家康は慎重の上にも慎重を期していた。その結果、東海道を進む家康軍の江戸城からの進発は、9月1日となった。

他方、秀忠は三万八千の軍勢を従え、真田昌幸・幸村父子を警戒しつつ、雨の中、9月2日、信濃の小諸城に着き、ここを本営とした。

この日、秀忠は小諸から使者を送り、上田城の開城と服属を目指した。徳川方についた真田信之と本多忠政（本多忠勝の嫡子で信之の義兄弟）を使者として送り、降伏勧告を行ったのだった。

その後、9月3日に信濃国分寺で会見が行われた。昌幸はその勧告に応じるそぶりを見せ、頭を丸め、開城する旨を申し入れたという。しかし、これは策略だった。使者に立っていた信之はこの父の言葉をどう思ったのだろうか。それでも、父の言葉を信之はそのまま秀忠に報告したようだ。この間に、昌幸・幸村父子は上田城に兵糧、弾薬などを運び込み、上田城周辺の各所に伏兵をしのばせるなど、万全の軍備を固めたのだった。

4日になっても一向も開城しないことを不審に思った秀忠は、開城を催促する使者を立てた。すると昌幸は態度を急変、約束を破棄し、宣戦布告したのだった。

これに対し、秀忠は激怒。翌9月5日に「上田城を踏み潰せ」と攻撃命令を下した。

昌幸・幸村は約二千五百の兵で十倍以上の秀忠軍を迎え撃った。いわゆる第二次上田合戦である。昌幸・幸村の目的は、秀忠軍を西軍との決戦場に行かせないことだった。籠城して秀忠軍をできるだけ上田城にひきつけ、時間稼ぎをすることが使命といえた。

昌幸と幸村は、五十騎ほどの小勢で家紋の六文銭の旗をたなびかせながら、城外に偵察に出たという。そして、わざと逃げるようにして引き返し、徳川勢を城近くまで誘き寄せた。加えて、一斉射撃で足並みを乱し、その隙に伏兵をもって秀忠の本陣の手薄になったところへ奇襲をかけ、秀忠軍を混乱させて大損害を与えたという。

ちなみに、六文銭の家紋は真田家の代名詞ともいえるが、家紋に六文銭を用いることで、戦争や日頃の駆け引きについて、死をもいとわない不惜身命《ふしゃくしんみょう》の決意で臨んでいることを示したという。これは幸村の祖父の真田幸隆が旗印として採用したのがはじまりだといわれている。六文銭（六連銭）というのは、冥銭を表す。これは、亡くなった人を葬るときに棺に入れる六文の銭で、いわゆる三途の川の渡し賃のことである。そこから転じて、「不惜身命」の覚悟を表す意味となったのであろう。

そのような、昌幸・幸村の巧みな戦い方で、十倍以上の秀忠軍と膠着状態に持ち込み、上田に秀忠軍を十日間も引き止めることに成功。結果、秀忠軍は関ヶ原の戦いに遅参してしまった。

しかし、9月15日の本戦の関ヶ原の戦いでは東軍がたった一日で勝利し、昌幸・幸村は局地戦では目的を達成したが、この日を境に敗軍の賊軍になってしまった。

自分の面子をつぶされた徳川秀忠は、真田昌幸・幸村憎しで凝り固まっていて最後まで死罪を主張した。しかし、真田信之の必死の懇願で罪一等が減じられ、高野山に蟄居謹慎の流罪となった。この陰には、信之の岳父・本多忠勝の家康への執り成しがあったともいう。ただ、徳川秀忠は真田家に強い遺恨をもったようで、真田信之には終生笑顔を見せなかったという。

流罪と決まった真田昌幸は上田を去るときに「さてもさても口惜しきことかな。内府をこそ、このようにしてやろうと希うておったものを」と言って涙を流したと伝わるが、幸村の心も同様だったのではないだろうか。

ただ、この第二次上田合戦で、幸村は父・昌幸の戦略や戦い方を、実践の中で、いわば実践のＯＪＴのなかで、さらに確かなものとして継承したことだろう。このとき、幸村は数えの三四歳だった。

死んだあとのことは引き受けてやるから、死ぬ気でやれ。

土光敏夫

「ミスター合理化」と呼ばれた日本のエンジニア。
日本経済団体連合会第四代会長を務めた。

十四年にわたる流人生活

真田昌幸・幸村父子は、高野山の麓、九度山でいつ終わるともなき蟄居謹慎の流人生活に入った。命はあるものの、配流の罪人として軟禁的な状態だった。

しかし、監視されていたものの、比較的自由で、幸村は妻や子供たちと暮らし、外出などもそれほど束縛はなかったようだ。幸村の長男大助、次男大八、女子三人がここで生まれたことからもそのことがわかるだろう。

ところが、生活は苦しかったようだ。主に、真田信之や身内からの仕送りが頼りだったからである。親思いの信之も表だって仕送りすることが憚られたから、内々に目立たぬようにしかできなかったようだ。

幸村は、このとき生きる意味を深く考えたに違いない。三十代半ばであるから、余生というにはまだ早すぎる年齢である。名誉と誇りを大切にする武士としては、このままでは終われないという思いが強くあったことだろう。

徳川幕府の重臣の本多正信を通じ、昌幸と幸村は幾度となく赦免《しゃめん》を願い出たが、許されなかった。

1611年6月には父昌幸が失意のうちに六五歳で病死してしまった。「公儀《こうぎ》御はばかりの仁」として正式の葬儀は行われなかったという。昌幸の一周忌がすむと、上田から昌幸に随行した家臣の大部分は帰国し、信之のもとに帰参したと伝えられる。九度山の生活は急に寂しくなったことであろう。

父が亡くなってから、幸村は父の菩提を弔う意味もあってか、出家して伝心月叟《でんしんげっそう》と名乗ったという。もしかすると俗世間を離れ、世を捨てて生きようと思ったのだろうか。それとも、徳川幕府の警戒を解こうと思ったのだろうか。

この頃のことであろうか、兄・信之の重臣で、姉の村松殿《むらまつどの》の夫である義兄・小山田茂誠《おやまだしげまさ》に出された2月8日付けの御礼の手紙に次のように記されている。

「歯なども抜け、髭なども黒いところがあまりなくなってしまいました」「もはやお目にかかることもないでしょう。いつもいつもそちらのことを話し合っております」。

自分のことをいつも気にかけてくれている親しい身内に気負いなく飾らずに語っている幸村の様子がわかるようである。

他方、真田家の史書の一つである『真武内伝追加《しんぶないでんついか》』に「宿所にては夜深更《しんこう》に及ぶまで兵書等に目をさらし……」「暫《しばら》くも武備を忘れず」とある。常日頃から孫子の兵法をはじめとした兵書を読んで戦略や軍略を練り、また、少しの間といえども戦争の備えや鍛錬を忘れなかった、とあり、来るべき日に備えていたことが伺える。これも日々の時間を一瞬たりとも無為に過ごしたくない、充実させようという思いもあったのではないだろうか。

人には役割がそれぞれ違うので、勝者となろうが敗者となり終わろうが、どれが良いとは傍からは一概に言えない。それは、本人の満足感、達成感で決めるしかないだろう。

他方、人は死を避けられない。その意味でも、どう人生を全うするか、どう充実させるか、また、最後をどう飾るかは、今も昔も変わらない大テーマといえよう。すぐ後のことになるが、その一つの答えが、真田幸村の大坂の陣での生き方だったろう。

夢中で日を過ごしておれば、いつかはわかる時が来る。

——**坂本龍馬**

幸村に秀頼の使者

家康は自分の目が黒いうちに豊臣家を何としても潰しておきたいと考え、潰す口実を虎視眈々と探していた。そんな中、1614年8月に京都方広寺の大仏開眼供養が予定され、その梵鐘《ぼんしょう》の銘文に格好の材料が見つかった。

問題の梵鐘の銘文は、「国家安康」「君臣豊楽」という部分である。銘の作者は当代一流の博学・清韓《せいかん》長老だった。家康が言うには、「国家安康」は家康を二つに裂き呪い、「君臣豊楽」は豊臣を君として楽しむことを意図としているという。

この銘文への難癖は、禅僧の以心崇伝《いしんすうでん》と儒者《じゅしゃ》・林羅山《はやしらざん》の考えによるものだった。これは喧嘩を売ろうと狙っていた徳川方の言いがかり以外のなにものでもない。しかし、こうなってはもはや徳川方との戦争は避けられないと豊臣家も抗戦を決意せざるを得なかった。

ところが、関ヶ原の戦い以降、豊臣家の石高はわずか六十五万石に落ちていた。自力のみで兵を集めても三万前後。これではとても徳川方に勝てなかった。そこで、豊臣秀頼の名をもって、故太閤秀吉恩顧の大名らに助力を頼むことにした。それと同時に、徳川に対して不満を持つ元大名や諸国の牢人衆を呼び集める策を選択したのである。

しかし、大坂方が頼みとした福島正則、蜂須賀家政《はちすかいえまさ》、細川忠興らの豊臣恩顧の有力大名で秀頼に味方するものは一人もいなかった。これは、豊臣家がすでに天下の人望を失っていたからとも言えるだろう。他方、諸国の牢人（浪人）集めは順調に進んだ。

真田幸村の元へも大坂からの使者が訪ねてきた。使者は豊臣方へつくことを要請し、当座の支度金として黄金二百枚、銀三十貫（現在の価格で九億円前後）を用意してきた。幸村はこれを承諾し、10月9日に家族を伴って密かに九度山を脱出し、大坂へ向かったという。

真田幸村が入城した報告は、10月14日に京都所司代《しょしだい》・板倉勝重《かつしげ》から駿府の家康のもとに届けられた。報告を聞いた家康は、真田が入城したと聞くと顔色を変え、その使者に向かって、「籠城した真田は親か子か」と尋ねたという。戸を掴み、立ったままの姿勢であったが、その手は震え、戸が音を立てて鳴ったと伝えられている。これに対して使者が、籠城したのは子の幸村の方で、父の昌幸は既に病死したことを告げた。すると家康は安堵の表情を浮かべたという。それほど家康は昌幸のことを恐れていたのである。

軍師の限界

大坂城で行われた軍議で、幸村は城外での野戦に出ることを主張した。単なる籠城策では勝ち目がないと考えたのである。籠城策というのは援軍が期待できる時に有効な作戦であり、今回の戦いのように援軍が期待できない戦では利がない。

幸村は、孫子の言う先手必勝こそ大切と考え、東軍の戦備が整わないうちに先制攻撃をしかける城外出撃論を提案した。『難波戦記』などによれば、後藤基次、毛利勝永ら有力な牢人衆も幸村の提案に賛成したという。畿内を制圧し、宇治、瀬田に出撃、遠征疲れの東軍を迎え撃つことこそ必勝の戦略と主張したのだ。

しかし、秀頼の母の淀君や、大野治長《おおのはるなが》をはじめとする豊臣家首脳陣は、故太閤秀吉が築いた大坂城に絶対の信頼をおいていて、籠城策を譲らなかった。いくら幸村らが城外出撃策を主張しても取り入れられることはなく、大坂方の方針は籠城策に決定してしまった。

ある意味、軍師の限界といえた。どんなに良い戦略や方法・やり方を提案しても、採用されなければ意味がない。これは現代の経営コンサルタントも同様である。真田幸村といえども、有力な傭兵に過ぎなかった。大坂方の首脳陣から見たら、単なる自分たちの道具にしか過ぎなかったかもしれない。残念ながら幸村に決定権はなかった。

幸村は仕方なく次善の策として、大坂城の南方に弱点があることを指摘し、ここに出丸を構えることで南方の弱点を補強しようと考えた。しかし、幸村は浪々の新参者であり、また、実兄や親戚が徳川家に奉公していたため、内通を疑われなかなか信用してもらえなかったという。

後藤基次などの助力もあり、出丸建設が認められ、幸村に任されることになった。この出丸がいわゆる真田丸である。真田丸は大坂城の堀を背負い、三方を空掘りで囲み、三重に柵をめぐらし、櫓《やぐら》などを設けた丸馬出しの二百メートル四方ほどの砦であった。

幸村は赤備えで自軍を統一すると同時に、前方にある篠山という小山に注目した。幸村は篠山に鉄砲隊の一部を潜ませ、前田軍に鉄砲を浴びせかけたという。真田隊の鉄砲攻撃は毎日行われ、前田軍を毎日挑発した。このように前田軍を神経戦で苛立たせることが幸村の戦略だった。

12月4日、苛立った前田軍は真田丸の堀際まで攻め寄せた。これを見た藤堂高虎《とうどうたかとら》、井伊《いい》直孝《なおたか》、松平忠直は前田軍に連鎖反応するかのように、一斉に真田丸に攻めてきた。このことを予測していた幸村は、おびきよせて鉄砲で痛撃し、空掘りに攻め込んだ敵兵数百を討ち取ったという。

多くの被害が出た東軍は退却をはじめたが、そのときたまたま爆発が起こり、城内に内応ありと思い違いをした東軍は、引き返してきて真田丸に殺到したともいう。

幸村は狭い空堀りに集まった東軍を、鉄砲で狙い撃ち。そのため、東軍の先頭は退却しようとしたが、そこに後方から東軍の大軍が押し寄せてきたので、進退これきわまり、東軍は大混乱に陥ったという。このときとばかり幸村は集中攻撃し、東軍に大損害を与えた。

真田丸での敗戦の報告を受けた家康は、機嫌が悪くなったという。力攻めではすぐには落ちないと判断した家康は、調略で落とすことに方針を変更。早速、大坂城に使者を送り、秀頼、淀君に講和を申し入れた。大坂城内では、幸村をはじめ、講和に反対の意見が多かったが、幸村らの意見は取り上げられなかった。

また、真田丸以外では豊臣方不利の戦が続いていて、淀君をはじめ女御衆は、早く講和をしたかったようだ。結局は家康との講和に応じることになった。

「兵は詭道なり」と孫子の兵法はいうが、豊臣方の淀君も大野治長《おおのはるなが》も詭道、家康の詐略にまんまとひっかかったといえよう。世の中はそんなに甘いものではないのである。

幸村の心中を察して余りあるが、軍師の限界と一種の諦観を持ったかもしれない。

余談ではあるが、大坂冬の陣の講和が整う前に、幸村に対して家康から誘いの動きがあった。家康の側近の本多正純の許にいた叔父の真田信尹《さなだのぶただ》が、真田丸を訪ねて「信濃十万石」を条件に徳川方への寝返りを勧めたというのである。普通に考えれば良い話であろうかと思うのだが、幸村はあっさりとその誘いを断ったという。

世界には、
きみ以外には誰も歩むことができない唯一の道がある。
その道はどこに行きつくのか、と問うてはならない。
ひたすら進め。

――ニーチェ

我々のことはもういないものと

幸村は家康との和睦が早晩反故にされ、最後の戦いが近いと考えていた。

幸村はこの冬の陣のあと、娘すへの夫・石合《いしあい》十蔵宛の手紙に次のように記している。

「この世ではもう会うことはないでしょう。何事でも娘のすへのことが気に入らないこともあるでしょうが、何卒お見捨てなきようにお願い申し上げます」。

また、大坂夏の陣の前の1615年3月10日付の義兄と甥の小山田茂誠《おやまだしげまさ》・之知宛書状では、次のように述べている。これは幸村生存時の最後の手紙といわれている。

「遠いところを御使者をお送りくださりありがとうございます。そちらはお変わりがないとのこと、詳しく承り、満足いたしました。ここもとにおきましても無事でございますので、ご安心ください。私たちの身上の儀ですが、お殿様（豊臣秀頼）は大変懇切にしてくださるので、大方のことは問題ないのですが、様々な気遣いしながら、一日一日を暮らしております。ご面談ではないので委細を申し上げることはできませんし、また、手紙では中々詳しく書けませんが、使者の者が詳しく伝えてくれるでしょう。当年も何事もなく静かであれば、何とか、お目にかかりたいと思っております。知りたいことが山ほどございます。しかしながら、この不安定な浮世のことですから、一日先のこともわかりません。我々のことなどはもうこの世にはいないものだとお考えください」。

この手紙の「様々な気遣いしながら」（原文では「萬気遣のみニて御座候」）という言葉からは、大坂方では面子や序列が優先していて、幸村が気苦労していることが窺える。また、疑心暗鬼で全体が一致団結の力を発揮できていない様子も見て取れる。また、「一日先のこともわかりません」（「一日さきハ不知こと候」）と再び東西が手切れになることを予期していたことがうかがえる。和睦も再戦も家康の調略の一部だったから、東西の手切れになる日が近いのは当然だった。

話が前後するが、冬の陣の和睦の条件に大坂城の惣堀《そうぼり》の埋め立てがあったが、外堀だけではなく、内堀まですべてが埋められてしまった。大坂方がいくら抗議しても、のらりくらりで取り合ってもらえなかった。本多正信の計略通りだった。

結局、難攻不落の大坂城は堀を失い、本丸のみの裸城となり、すっかり惨めな姿になってしまった。守りの要の堀がなくなった大坂城では、到底徳川方の大軍を防ぐことはできなかった。

家康は、再戦の口実を待っていた。大坂方は徳川との再衝突は免れないこととし、再び牢人を大坂城に入れ、兵糧、弾薬を蓄え、軍備を整えているという噂が流れた。

このことはすぐに家康の耳に届いた。家康は「秀頼が大坂城を出て大和か伊勢に国替えする」か、「召し抱えの牢人どもをことごとく追放する」か、いずれかの選択を厳しく要求したという。当然の如く、豊臣方はこれを受け入れなかった。

こうして再び、東西手切れとなり、大坂夏の陣が勃発した。


命をかけるというほどの思いがあって初めて、いかなる困難にも対処していく力が湧いてくる。

——松下幸之助

真田は日本一の兵

幸村が冬の陣で主張したように、大坂方は城外出撃作戦をとった。東軍の出鼻をくじこうと紀州の浅野長晟《ながあきら》をたたくべく侵攻したのである。しかし、浅野氏の奮戦にあい、西軍の先制攻撃部隊は戦果を上げることもなく退却した。

大坂方は、5月5日夜に幸村と毛利勝永、後藤又兵衛基次が道明寺方面で決戦を挑むことを決め、訣別の盃を交した。大和から河内平野に抜ける手前の道明寺付近に布陣し、ここから侵入してくる東軍を各個撃破する戦略だった。いかに大軍でも、隘路《あいろ》（狭い路）を通行するには縦隊行軍的にならざるを得ず、これを出口で攻撃すれば、勝利する可能性が高かった。これも孫子の兵法である。

しかし、この作戦は、東軍に先手を取られてしまった。東軍は先にこの隘路を抜け、道明寺の東付近に集結し、布陣してしまった。「孫子の兵法」にいう「地」の利を失ってしまったのだ。

5月6日未明に行軍を開始した後藤軍は、真田軍、毛利軍と藤井寺で合流し、道明寺へ向かう予定であったが、真田・毛利軍らは濃霧に阻まれて行軍に難儀した。そのため、合流に遅れてしまい、後藤は、これ以上後続部隊を待てないと判断、単独で東軍に一斉に攻撃を加えた。後藤軍の攻撃はすさまじく、敵軍に大打撃を与えたものの、又兵衛は戦死し、後藤軍は総崩れとなった。幸村らが到着したのはちょうどこの頃であった。幸村は又兵衛らの戦死を知り、また大坂城より退却を命じられたため、やむなく撤退した。

道明寺の合戦で後藤らの将を失い、西軍は大打撃を受けたが、大坂城にはまだ三万とも四万ともいわれる大軍が残っていた。

5月6日に家康は天王寺口、秀忠は岡山口から攻めることが決定した。一方、真田幸村や毛利勝永らも天王寺口に布陣した。

ところが、越前軍と毛利部隊が接触し、激闘がはじまってしまい、一丸となって合戦に臨もうとしていた幸村の目論見はここでも崩れてしまった。幸村は意を決した。幸村の目標は、もちろん家康の首である。「孫子の兵法」虚実篇にある「専《あつ》まりて一と為り」とあるように、家康の首という一点集中である。

幸村と家康本陣との距離は約一里（四キロ）。幸村に攻め寄せている越前軍一万三千の後方にあった。幸村はねらいを家康に定め、赤備えの真田隊は一丸となって突撃を開始した。幸村は何度も態勢を立て直しながら、果敢に突撃を繰り返した。この真田軍の猛攻で、家康の本陣は大混乱に陥り、ついに家康の馬印を倒すところまで善戦した。家康にとって、馬印が倒されたのは三方ヶ原以来の屈辱だった。

家康も一時は覚悟を決め、腹を切ろうとしたが、側近に止められ、何とか思いとどまったという。それほど真田隊の突撃は凄まじいものであった。この戦いでも幸村は、士気を鼓舞するために、秀頼に出馬を要請したが、ついに実現しなかった。

さすがの真田隊も越前兵に盛り返されて次第に追いつめられ、ついに目標である家康の首を挙げることはできなかった。三度の突撃で傷ついた幸村は、安居天神の近くの畦に腰を下ろし、手当てをしている所を敵方に槍で刺され、ついに果てたという。

見事な戦いぶりだったといえよう。命が切れる瞬間、幸村は何を思ったのだろうか？私はそこに満足感を見る。きっと完全燃焼をしたのではないだろうか。

現代の我々も、どんなに不利、劣勢であっても、決して諦めることなく、最後の最後まで勝利を目指して戦う幸村の生き方を学んでいただきたい。

人生における大きな喜びは、君にはできないと世間がいうことを、やることだ。

——ウォルター・バジョット

イングランドのジャーナリスト。『イギリス憲政論』は政治学の古典にもなっている。

おわりに

私は小さい頃から歴史が好きで、物心ついた頃から歴史上の史跡や名勝にいくとなぜか心がわくわくしたのを今でも覚えている。特に戦国時代や幕末の志士が好きだったが、古代も好きだった。小学校低学年の頃、数キロ離れたところに古墳があり、そこで何か発見できないかと時がたつのも忘れて夢中で探索したものだ。

今思えば、なぜ歴史学者の大学教授にならなかったのだろうかと不思議である。これも人生の流れということだろうか。今、歴史研究家として歴史を経営やビジネス、人生にどう活かしていくかということに情熱を燃やしている。

本書の中に、上杉謙信の家訓十六カ条（「宝在心」）の全文を入れさせて頂いている。これは随分以前に読んで感銘を受け大変影響を受けたからである。直接薫陶を受けた直江兼続ならなおさらだろう。

余談であるが、学生時代、下宿の隣部屋にいたのが、現在の山形県米沢市の市長である。当時から、米沢のこととなると熱弁をふるい、その郷土愛には多くの友人たちも圧倒された。七、八年前に米沢に行く機会があり、米沢市役所を訪ねた時に、市長から上杉謙信の十六カ条（宝在心）の小冊子をもらった。彼自身も謙信を尊敬し、「宝在心」を深く信奉しているのを感じた。

十年ほど前だったろうか。小和田哲男静岡大学名誉教授と岡山県津山市の講演会でご一緒したことがあった。そのとき、中公新書の『軍師・参謀』を読んで、目から鱗だったというお話もさせていただいた。

その後も、様々な歴史学者の方々の研究書や著書で勉強させていただいた。その意味で、本書は多くの研究者の方々の、最先端の英知の上に成り立っている軍師論であるといっても過言ではない。

他の主要参考文献としては、『名将言行録』（岡谷繁実、岩波書店）がある。参考文献は本文の中でご紹介させていただいたが、笠谷和比古氏の『関ヶ原合戦』（講談社）と『真田幸村と大坂の陣』（歴史群像シリーズ、学研）も参考にさせていただいた。この場を借りて厚く御礼申し上げる次第である。

また、作家にとって、一次資料や原典を読むと同時に、ネット上での初動の情報取集が執筆開始前に重要な時代に入った。

本書でも各軍師について、「ウィキペディア」を確認させて頂いている。ただ書くだけだと「ウィキペディア」を超えられない場合があるからである。

また、本書の各軍師の関係の各県史や関係市町村及び関連施設のホームページなどのネット上の様々なデータなども参考にさせいただいた。この場をかりて、心より厚く御礼申し上げる。

グローバルになればなるほど、自国の歴史や優れた歴史上の人物のことを知ることが重要な時代に入ったのではないだろうか。

本書が読者の皆様に何か少しでもお役に立てれば、著者として望外の喜びである。

平成二六年三月

皆木和義

【著者略歴】

皆木和義（みなぎ・かずよし）

1953年、岡山県生まれ。早稲田大学法学部卒。経営コンサルタント、作家、歴史研究家として幅広く活動。「盛和塾」東京地区元代表世話人。平成ニュービジネス研究所所長、（株）ハードオフコーポレーション（東証一部）代表取締役社長、経済産業省消費経済審議会委員などを歴任。一般社団法人日本中継ぎ経営者協会理事長、NPO法人確定拠出型年金教育･普及協会理事長も務めている。著書に『稲盛和夫の論語』（あさ出版）、『MBAビジネスプラン』（共著、ダイヤモンド社）など多数。JR東日本や総務省、Googleなど、さまざまな企業で「歴史に学ぶビジネス戦略」をテーマに講演活動を行っている。

1人《ひとり》で100人分《にんぶん》の成果《せいか》を出《だ》す 軍師《ぐんし》の戦略《せんりゃく》

2014年4月11日　初版発行
2014年8月18日　第8刷発行

発行　**株式会社クロスメディア・パブリッシング**
発行者　小早川 幸一郎
〒151-0051　東京都渋谷区千駄ヶ谷4-20-3 東栄神宮外苑ビル
http://www.cm-publishing.co.jp

発売　**株式会社インプレス**
〒102-0075　東京都千代田区三番町20
TEL (03)5275-2442

■ 本の内容に関するお問い合わせ先 ……………… クロスメディア・パブリッシング
TEL (03)5413-3140　FAX (03)5413-3141

■ 乱丁本・落丁本のお取り替えに関するお問い合わせ先 ……… インプレス カスタマーセンター
TEL (03)5275-9051　FAX (03)5275-2443

カバー・本文デザイン　都井美穂子
印刷　株式会社文昇堂／凸版印刷株式会社
製本　誠製本株式会社

ISBN978-4-8443-7358-2 C2034